Historias vivas de espantos y muertos

Carlos Trejo

Historias vivas de espantos y muertos

Planeta

Colección: FRONTERAS DE LO INSÓLITO

Diseño de portada: Ana Paula Dávila
Fotografías de interiores: Yusset Hinojosa

Avenida Insurgentes Sur núm. 1898, piso 11
Colonia Florida, 01030 México, D.F.

Primera edición: agosto de 2003
Segunda reimpresión: febrero de 2005
ISBN: 970-690-918-4

Impreso en los talleres de Litográfica Eros, S.A. de C.V.
Av. Tlatilco núm. 78, colonia Tlatilco, México, D.F.
Impreso y hecho en México-*Printed and made in Mexico*

www.editorialplaneta.com.mx
www.planeta.com.mx
info@planeta.com.mx

Prólogo

Las leyendas siempre encierran grandes enigmas. Cuando contemplamos parques, edificios o caminamos por un lugar sin construcciones, nunca nos detenemos a pensar qué hechos pudieron ocurrir en ese sitio que el tiempo haya ocultado entre sus brazos, de manera que se corra un rumor que poco a poco se transforme en leyenda. Investigar leyendas es para mí una forma de trasladarme al pasado en una imaginaria máquina del tiempo, cosa que no está muy lejos de la realidad. Albert Einstein nos dejó muchas y muy valiosas teorías científicas, entre ellas la importantísima teoría de la relatividad, que ha hecho soñar a muchos con la idea de viajar en el tiempo.

Los escépticos dirán que no hay base científica, pero déjenme decir que sí la hay y que los incrédulos están muy equivocados. Muchas de las películas de ciencia-ficción que vemos tienen bases científicas, y una en especial, *Volver al futuro*, habla de estos viajes.

Matemáticamente, se puede viajar en el tiempo al romper la barrera de la velocidad de la luz, que viaja a 300 mil kilómetros por segundo; en línea recta uno puede transportarse al futuro, y en zigzag, al pasado. La tecnología de nuestro tiempo hasta ahora no ha logrado romper la barrera de la velocidad de la luz, y como no es posible viajar por el tiempo, no hay forma de verificar muchísimos acontecimientos históricos. La historia nos dice qué pasó, pero no sabemos si esos hechos realmente ocurrieron. Por esto tuve que investigar en muchos archivos escondidos y en documentos empolvados por el tiempo. Desenmarañar algunas de las más importantes leyendas originadas en el territorio nacional, fue para mí un reto. Más lo fue averiguar si son producto de imaginaciones desbocadas o tienen sustento en la realidad.

En la búsqueda encontré cosas de verdad impresionantes, increíbles, que he narrado en esta obra así como en mis libros *Cañitas* y *Casas embrujadas*. Ahora, sin entretenernos más, viajemos juntos al pasado y adentrémonos en esta máquina del tiempo. Veremos qué descubrimos.

CARLOS TREJO

La Planchada

Hay en los hospitales una gran cantidad de misterios, desde historias de apariciones hasta mensajes de ultratumba. Mucho se ha escuchado de tales leyendas, y uno de los fantasmas más famosos en estos lugares es la imagen de una enfermera que ronda misteriosamente por los pasillos más oscuros y silenciosos y visita a los pacientes que se encuentran en terapia intensiva, gente siempre llena de amargura y desesperación. El dolor es la condición más clara de los seres que están a punto de fallecer, y los familiares que los visitan muestran sentimientos encontrados; en ocasiones piden su perdón a las personas que se hallan al borde de la muerte, y las más de las veces no alcanzar ese puerto de tranquilidad es por causa, en primer término, del tremendo rencor que anida en ellos mismos, y en segundo debido a las tercas negativas de las personas en fase terminal.

Quien se halla al borde de la muerte se hunde en reflexiones encontradas, contradictorias. Estar al borde la de muerte es una experiencia única. A mí me pasó y aprendí que es más difícil morir tranquilo que vivir una larga vida llena de amargura. Déjame decirte por qué te lo digo.

En los primeros días de agosto de 2001 estaba investigando los pueblos fantasmas de Nuevo México cuando comencé a sentirme mal. La enfermedad se manifestó sorpresivamente con un dolor abdominal muy fuerte y tuve que viajar inmediatamente a la ciudad de México.

Al llegar mi salud empeoró y no pude esperar a los asistentes que irían por mí al aeropuerto. Yusset, mi esposa, optó por tomar un taxi y trasladarme lo antes posible a un hospital. El taxista me vio tan mal, a punto del desvanecimiento, que nos sugirió ingresar al hospital más cercano para que me estabilizaran y después podrían trasladarme a otro. Lo más cercano era la Cruz Roja de Polanco.

Los servicios de emergencia fueron increíblemente rápidos. Cuando supieron que se trataba de mí, los directivos bajaron a atenderme personalmente. Los estudios que me realizaron fueron incontables y la atención maravillosa, según el diagnóstico mi vesícula estaba apunto de estallar y la operación era urgente —y riesgosa—. Nunca hubiera imaginado que corría peligro de muerte. Yusset se espantó muchísimo por la noticia.

En cuestión de segundos vi desfilar mi vida entera. Entré en reflexiones, no sabía qué pensar. Por último le pedí a mi esposa que, si las cosas no salían bien, me incinerara y colocara mis cenizas junto a las de mi primera esposa, Sofía. Yusset me miró con los ojos llenos de lágrimas, se inclinó y me dio un beso. Dijo que no me preocupara, todo saldría bien. Sentía yo una gran tristeza. Quizá sería esa la última vez que la veía y deseaba guardar su imagen en mi memoria para siempre. Le pedí que me comunicara con mi hija Montserrat. Tomó su teléfono, marcó y al parecer la llamada no entraba. Cuando al fin Montse respondió, le dije que lo más seguro era que no regresara. "De ser así —le dije— quiero que sepas que te quiero muchísimo y he tratado de ser el mejor padre del mundo." Era posiblemente la última vez que me escuchaba.

En cuanto colgué me invadió un sentimiento de enorme soledad. Me sentí muy extraño, pensaba que posiblemente las imágenes del taxista y de la preocupación de Yusset serían las últimas que quedarían en mi mente.

Todo lo que había investigando tratando de apartar el velo que separa la vida de la muerte, estaba a punto de borrarse.

Los médicos de guardia preparaban todo para anestesiarme. Recuerdo que le pedí a un ser supremo —no sé cómo se llama, pero posiblemente es el mismo al que todos recurren en los momentos difíciles— que me permitiera vivir un día más para tratar de ser mejor con mis semejantes y conmigo mismo, que me diera tiempo para no dejar las cosas incompletas. Muchas imágenes pasaron por mi mente cuando fui trasladado a la sala de operaciones. Yuss se despidió de mí, me abrazó, me besó y me miró fijamente a los ojos; aún recuerdo sus palabras. "Te estaré esperando, amor, te quiero." Correspondí a su beso y me di cuenta de lo mucho que la amo; tenía yo un gran temor de no regresar, de que mi vida acabara en un segundo. En cuanto la narcosis comenzó a surtir efecto, una extraña luz me envolvió. Consideré, dentro de mi escasa conciencia, que se trataba de los efectos del anestésico.

Segundos después me encontré en el patio de la casa de Cañitas, muy confundido, sin entender cómo había llegado, y todo lo veía en blanco y negro. Era una situación muy extraña, no sabía ni comprendía qué pasaba. Estaba consciente de que no era un sueño y no recordaba la anestesia. Después, vi perfectamente a Sofía salir de la casa y dirigirse a mí. Al acercarse me abrazó y me dio un beso, me dijo que se sentía muy feliz por tenerme de vuelta —cosa que me sorprendió—. Le pregunté de dónde venía y me dijo que era complicado explicarlo, pero que me tranquilizara, podríamos entrar a la sala a platicar.

A pesar de que Sofía había muerto tantos años atrás, a consecuencia de los hechos paranormales de Cañitas, la sala de la casa estaba como cuando vivíamos allí. Me sentó en uno de los sillones y le pedí me explicara qué estaba pasando. Sofía insistió en que estuviera tranquilo, no estaba pasando nada, y de pronto entró una niña rubia de ojos azules que me impresionó. Pregunté quién era y Sofía respondió que Karla, nuestra hija. Yo no recordaba que tuviésemos una hija y menos de ojos claros. La niña se acogió a mis brazos y le preguntó a Sofi quién era yo. Ella le dijo que era su padre y la niña me miró y me dio un gran beso en la mejilla. Dijo que me quería mucho. Después Sofi le pidió que fuera a jugar al patio, pues tenía que hablar conmigo.

Perdí toda noción del tiempo y de lo que estaba en derredor. Sofía me explicó que era un sueño muy lindo, pero tenía que regresar porque aún no era hora de que estuviéramos juntos. Dijo que la recordara, que supiera que siempre estaría conmigo y me seguiría en el más allá, dondequiera que estuviese me amaría siempre. Después sentí un cansancio muy profundo y me dormí en sus piernas. Recuerdo que en cuanto abrí los ojos una enfermera avisó que estaba despertando. Varios médicos corrieron a verme y tomaron mis signos vitales, algunos muy espantados, otros con gesto de preocupación. Después de varios minutos todo se despejó y entró Yuss muy afligida, Me abrazó con fuerza y, con lágrimas en los ojos, dijo que estaba muy asustada, pues en el quirófano yo había estado muerto varios minutos.

La angustia era muy grande para ella, y allí estaban todos mis hermanos, muchos amigos y gente de la Organización mundial de investigación paranormal (OMIP). Al cabo se retiraron y quedamos solos Yusset y yo. El sueño que compartí con Sofía regresó a mi mente. Era muy claro, lo recordaba todo y así se lo referí a mi esposa. Yuss se mostró muy sorprendida, pero dijo que quizá los medicamentos que me aplicaron habían provocado alucinaciones, ese sueño, y me pareció lógico. O bien el trauma cerebral pudo haber desencadenado el sueño. En fin. Había quedado algo que platicar y una experiencia increíble. Después de la tempestad, Yuss se veía fatigada. No había querido separarse de mí ni un minuto. Las horas de la cirugía y la recuperación le resultaron angustiantes, y ahora que me encontraba bien quería seguir a mi lado. Era injusto, tenía que descansar y yo estaba bien. Traté de convencerla de que nada malo iba a pasar, bromeé diciéndole que hierba mala nunca muere, y en verdad estaba convencido de que todavía tenía tiempo de vida. Le prometí que sería mejor de lo que había sido, pedí que perdonara mis errores y tonterías. Le agradecí enormemente el inmenso amor que siempre me ha demostrado y que, ciego, no había yo querido ver. Finalmente la convencí de que se retirara, pues no había forma de que yo abandonara el hospital; allí la esperaría, ya era demasiado y no deseaba que ella cayera enferma. Un tanto preocupado porque era tarde —serían las 11:40 de la noche— y se tenía que ir en taxi, le pedí que en cuanto llegara a casa me llamara al celular que me dejaba. Le di un beso y cuando ella cruzó la puerta la habitación se sentía —era evidente— vacía. Una enfermera entró a revisar que todo estuviera bien y mientras me ponía el suero dijo que tenía yo mucha suerte de que la *Planchada* no me hubiera visitado, pues de haber sido así no lo hubiera contado.

Esto despertó mi curiosidad y le pregunté quién era esa Planchada. Me dijo que se trataba de una enfermera que daba a los pacientes medicamentos para bien morir y generalmente se presentaba en la noches. La historia me pareció interesante y durante mi estancia en el nosocomio comencé a investigar a la Planchada. Tenía que saber más sobre ella.

Durante mi recuperación permanecí en terapia intensiva. Pregunté a médicos, enfermeras, pacientes y visitantes sobre el fantasma, pero obtuve muy poca información. Lo único que logré recoger fueron testimonios y, curiosamente, todos coincidían en que la Planchada entraba a los cuartos vestida de blanco y con una bandeja con medicamentos, y atendía sobre todo a los enfermos en apariencia condenados a morir. La habían visto personas de diferentes niveles sociales y culturales, a las que entrevisté por separado para evitar la posibilidad de sugestión colectiva; lo más sorprendente es que la aparición no se mostraba sólo a los pacientes, pues en el Hospital Juárez enfermeras y directivos —uno de ellos el doctor Eduardo Jiménez— habían tenido contacto físico con ella.

El doctor sufrió gran impacto al verla y se dedicó a investigarla; largo tiempo intentó localizar sus raíces en vida, pero no logró obtener mucha información. Conseguí entrevistar a una de las enfermeras que había trabajado con ese médico en el Hospital Juárez y me refirió lo siguiente.

> En el año de 1995, sometida a una gran carga de trabajo, una de las enfermeras se durmió durante unos treinta minutos. Así lo habíamos acordado, ya que teníamos muchas horas sin dormir y corríamos el riesgo de descuidarnos y cometer un error al proporcionar los medicamentos. Mientras ella descansaba, por mas que mi otra compañera y yo nos apresurábamos atendiendo y medicando a los pacientes, calculamos que nos sería imposible terminar a tiempo. Sin embargo, al llegar a los cuartos nos llevamos una gran sorpresa, pues varios pacientes habían sido atendidos por una enfermera extraña cuya descripción no encajaba con ninguna de nosotras. Incrédula, dije a los pacientes que era imposible, porque únicamente nosotras tres estábamos de guardia, pero algunos insistieron y desnudaron sus brazos para mostrar los piquetes de las inyecciones que les había aplicado minutos antes.

Esto alteró a las enfermeras y fueron a ver al doctor Jiménez para informarle de una posible enfermera suplente no autorizada. Para el jefe la noticia resultó alarmante, sobre todo por la presencia de la intrusa en el área de emergencias. Llamó a seguridad y mandó investigar a la enfermera visitante, que según las descripciones vestía un uniforme blanco impecable, perfectamente planchado, de los utilizados por la orden de las Hermanas de la caridad, pero era un uniforme con más de cincuenta años en desuso. Se dijo también que llevaba un tapabocas que le cubría gran parte del rostro y por eso nadie podía describirlo.

Las apariciones fueron muchas, cada vez más frecuentes, y comenzaron a montarse guardias para dar con la persona que atendía clandestinamente a los enfermos. Pasaron varias noches y al cabo, una madrugada se dio el contacto cuando el doctor Jiménez salía de su oficina y, al recorrer el pasillo de terapia intensiva, vio a una enfermera que respondía a la descripción de la extraña. La siguió a distancia mientras buscaba a un policía de guardia y en algún momento la Planchada salió de los pasillos del Hospital Juárez y se dirigió a la capilla. El médico, acompañado ya por dos guardianes, le gritó a la enfermera que se detuviera, pero ella hizo caso omiso. Los vigilantes echaron a correr para alcanzarla y estaban a punto de darle alcance cuando frenaron la carrera. La Planchada no caminaba, estaba flotando. Quedaron atónitos, más todavía cuando segundos después vieron claramente cómo ella cruzaba la puerta de la capilla sin abrirla. Sintieron un terror indescriptible, sabían que se hallaban ante algo que no podían explicar. El doctor Jiménez los seguía a distancia y, al ver que se detenían, enfadado les gritó que la alcanzaran. "¿Qué les pasa?" Ellos no respondieron, sus rostros proyectaban temor. El doctor se acercó en el instante en que la enfermera traspasaba la puerta de la capilla y por un momento pensó que estaba muy cansado, que no era verdad lo que había visto. Se aproximó a los policías y les preguntó si habían visto lo mismo. Ellos, muy alterados, dijeron: "flotaba, sus pies no tocaban el piso. Y no abrió la puerta, la atravesó. Esto es obra del diablo, doctor, debemos salir de aquí cuanto antes". El doctor Jiménez trató de tranquilizarlos, aunque él mismo se hallaba en estado de choque. No podía creer lo que estaba pasando, era algo imposible. Él, que siempre pensó que los fantasmas no existían y todo era producto de la imaginación, ahora era testigo de un fenómeno paranormal auténtico. Los tres habían visto lo mismo, y todos habían experimentado la sensación de frío y pesadez en el ambiente. En medio de sus reflexiones, el médico se desplomó en un banco. Deseaba entrar a la capilla, pero no se atrevía. Poco más tarde mandó abrir la capilla del hospital, que había permanecido cerrada por varios años, y ya con la puerta abierta se armó de valor y entró. El lugar se hallaba vacío. En el piso estaban tiradas una bandeja de las antiguamente usadas para colocar los medicamentos y algunas jeringas vacías.

El testimonio era muy valioso. Había más de un testigo y era imperativo continuar la investigación. Tomé los datos de los testigos y seguí en contacto con ellos por si había algo más. En cuanto me dieron de alta le hablé a Yusset de los hechos ocurridos y decidimos iniciar la investigación. Durante varios días me dediqué a buscar antecedentes de la Planchada en diferentes archivos de la republica mexicana. Saber quién era y de dónde venía era muy importante, así que en mi página web (www.cazafantasmas.com) pedí que si alguien tenía información de la Planchada, me la hiciera llegar. Y desde luego me llegó información de todos lados, y un mensaje muy especial, de una familia que vivía en San Luis Potosí y me decían que ellos eran parientes directos de la Planchada y podían ayudarme. El mismo día que recibí el mensaje volamos a aquella ciudad para continuar la investigación.

En cuanto llegamos la familia fue a visitarme al hotel. Me informaron que el nombre de la Planchada era Eulalia y su historia, registrada en documentos de los hospitales donde en vida trabajó, es la siguiente.

A mediados del siglo XX Eulalia dividía su tiempo entre el trabajo en el hospital y su familia: madre y dos hermanos menores. Llevaba una vida tranquila y en apariencia nada la perturbaba. Un día ingresó al hospital un joven médico de nombre Joaquín. En el hospital, cuando llegaba una persona nueva, el director acostumbraba reunir al personal para presentarla; ese día Eulalia estaba con un paciente y no asistió al llamado de la dirección. En casa, su madre le preguntó cómo le había ido y ella contó lo del médico nuevo y que, aunque no lo conocía, pensaba que se trataba de uno de esos muchachos arrogantes y presuntuosos que acaban de salir de la escuela. Y sin dar mayor importancia al asunto se fue a descansar.

Al día siguiente Eulalia fue solicitada muy temprano en emergencias para ayudar en la extracción de una bala. Y desde el momento en que vio al nuevo médico se enamoró; él, en cambio, no mostró ningún interés. Pasados unos meses Eulalia logró llamar la atención de Joaquín y se hicieron novios. Ella, feliz con la conquista, trataba de satisfacerlo en todo, y aunque él no mostraba la misma pasión, ella determinó continuar el noviazgo.

Un día Joaquín llegó a la casa de Eulalia vestido de etiqueta, platicó un rato con su novia y al despedirse le dijo que asistiría a un seminario de medicina interna, cuestión de unos quince días. Se dieron un beso de despedida y Eulalia le deseó buen viaje.

Pero pasaba el tiempo y ella no recibía noticias. Un empleado del hospital que la cortejaba, aprovechó para declararle su amor, pero la enfermera repuso que no podía corresponderle pues era la prometida de Joaquín. Eulalia sufrió un violento choque cuando el empleado, con cierta burla, le dijo que su doctorcito tardaría mucho en regresar, pues estaba de viaje de bodas, y había renunciado al trabajo en el hospital el día que se fue.

El sufrimiento fue tan grande que Eulalia jamás volvió a enamorarse y decidió dedicarse a su profesión, pero ya no era la misma enfermera activa, dinámica y capaz. Se volvió severa, amargada y grosera. Desatendía a los pacientes sin que pareciera importarle su sufrimiento y más de uno murió por su culpa.

Una noche, un niño paralítico le pidió a gritos una medicina para calmar el dolor. Ella pasó de largo haciendo caso omiso del llanto del pequeño, y más tarde, de regreso, vio con horror cómo el menor se estiraba tratando de tomar la medicina y cayó de la cama con todo y suero y al romperse la botella un vidrio se le clavó en el cuello y provocó su muerte. El rencor y odio de los pacientes y de los compañeros de trabajo aumentaron.

Por la noche Eulalia se dirigió a su casa y en el trayecto se topó con una mujer vestida de negro que la sujetó del brazo y le dijo que, como había causado grave daño a muchas personas, tras su muerte estaría condenada a vagar en hospitales hasta que pagara todas sus culpas. Las versiones difieren en cuanto a la identidad de esa mujer. Afirman unos que era pariente de uno de los pacientes que dejó morir; otros señalan que se trataba de la Muerte misma. En lo que todos están de acuerdo es en que la enfermera tardó mucho en tranquilizarse, pero jamás imaginó que se convertiría en la Planchada.

Luego de tomar el testimonio de los familiares de la Planchada, decidí aclarar aún más la historia, investigar lo que pudiera haber más allá, lo que me costó mucho trabajo. Sabía por uno de mis investigadores, Luis Noguez, que aquel ente había sido visto con frecuencia en un hospital naturista de Ciudad Madero, Tamaulipas, en la zona de Miramar, centro de salud que actualmente se halla abandonado y fue cerrado cuando

Carlos Salinas de Gortari ocupó la presidencia. Sabiendo que allá recogería buena cantidad de testimonios sobre la Planchada viajé a esa ciudad.

Antes visité el hospital donde falleció la Planchada, en el Distrito Federal. Se trata del Hospital Doctor Miguel Otero, ubicado en la avenida Juárez. A este hospital mandaron a la mayor parte del personal que laboró en el antiguo Hospital Civil, entre ellos Eulalia. Allí trabajó, allí murió y allí nació la leyenda. Y aunque nadie sabe a ciencia cierta dónde fue sepultada o qué pasó con su cuerpo, en uno de los muros hay un poema que demuestra que el personal y los directivos están concientes de que el alma de Eulalia se halla penando. Dice así:

La Planchada

> Enfermera fantasmal que luce impoluto uniforme almidonado, con gran esmero, con primor planchado. En el viejo hospital se le aparece a los pacientes graves y con eficiencia, especial cuidado y nocturno bregar, rudo y callado, remplaza a la agobiada enfermera que se duerme. ¿Quién era esa mujer? ¿Era alma en pena? ¿Era flor por la vida desechada que así purgaba singular condena?
>
> ¡No lo sé! Más tremendamente y angustiada la voz en el hospital aún resuena cada vez que se recuerda a la Planchada.

El director del hospital es el doctor Rubén Hernández, quien admite que la Planchada recorre los pasillos del lugar. Me invitó a ver fotografías en los archivos de la institución, las llamadas fotos del recuerdo. En una se hallaba perfectamente identificada a Eulalia. Verifiqué su nombre, apellidos y dirección y pude comprobar que las personas con las que había hablado eran efectivamente familiares de la Planchada.

Después viajé con Yuss a Ciudad Madero, donde ya se encontraban Luis y algunos de mis ayudantes. Habían llegado antes para preparar la investigación en el hospital naturista abandonado, en el cual, se decía, habían visto en repetidas ocasiones a la Planchada; era el lugar con el mayor registro de apariciones.

El permiso para la investigación fue de fácil trámite, podríamos quedarnos varias noches en el lugar. Luego localicé al ex director del hospital, que también había tenido contacto con el fantasma.

Una noche, antes de irse decidió buscar en el cuarto piso al médico que quedaría de guardia y hacerle algunos encargos para el día siguiente. A la primera que se halló fue a la enfermera María Esther, quien le informó que el doctor Campuzano estaba en el tercer piso. El director se dirigió a ese piso. Era una noche tranquila y todo parecía normal. Al abrir una puerta vio de reojo a una enfermera que no tenía el mismo uniforme que se utilizaba en el hospital, por lo que fue tras ella llamándola. La mujer no parecía escucharlo, y al dar vuelta en el pasillo simplemente ya no estaba. El médico miró de un lado a otro, pensando que se había ocultado, pero lo más sorprendente era que, durante la persecución, mientras él corría, ella caminaba tranquila, con paso normal; no parecía apresurada y mucho menos asustada, y sin embargo él no logró alcanzarla. Esto alarmó al doctor, quien de inmediato llamó al personal de enfermería para averiguar quién era la persona que había visto. La respuesta del personal fue sorprendente: "usted no vio a ninguna enfermera del personal, sino al fantasma de la Planchada, doctor".

El doctor observó perfectamente al fantasma. En ese momento no sabía en pos de quien iba y logró grabarse su imagen, que nos describió como sigue: los brazos fue lo que más llamó su atención; no se mecían como normalmente sucede con una persona que camina, sino que iban pegados al cuerpo y los pies no tocaban el piso.

Con la información reunida hasta este momento y con datos precisos de la Planchada decidí visitar el hospital naturista de Ciudad Madero. En la carretera llegamos a la brecha que conducía al hospital y no demoramos en descubrir el impresionante edificio abandonado en medio de la nada. Luis e Iván habían preparado el equipo de la investigación y a eso de las cinco de la tarde comenzamos a explorar el hospital. Recorrimos cada uno de los pisos para que mi equipo de investigadores conociera perfectamente el territorio y las salidas de emergencia, por si fueran necesarias. El esquema estaba bien planeado y el mapa perfectamente estudiado, los sensores de movimiento fueron colocados en puntos estratégicos, así como las cámaras de video y el equipo de rayos láser, en los diferentes pisos. En el campamento todo estaba listo, los controles colocados en la camioneta que se encontraba junto a las tiendas de campaña.

Al caer la noche entramos todos al hospital naturista y nos instalamos en los puntos señalados. Eran como las diez de la noche cuando uno de los síquicos empezó a sentir la presencia de algo en el piso tres. Por la radio le pedí a José Luis que me informara todo lo que ocurriera en esa zona y José Luis dijo que todo estaba tranquilo. De pronto una de las luces infrarrojas se encendió y alertó al equipo de investigación. Subimos inmediatamente a ver qué estaba pasando. En ese momento, desde el campamento Yuss me informó de una sombra que estaba en ese lugar, pero en el pasillo opuesto a nosotros. Le pedí que mandara la imagen a mi monitor por vía inalámbrica, a fin de analizarla. Al recibir la señal vimos perfectamente una mujer vestida de blanco que en ese momento cruzaba una puerta. Para mí era demasiada suerte lograr ver a este ser, y más cuando existían tantos hospitales, pero estaba conciente de que éste era uno de los más importantes en apariciones de la Planchada.

Al revisar la cinta fue muy claro que alguien estaba en ese piso y no se trataba de ninguno de nosotros, ya que todos usábamos el uniforme de cazafantasmas. Era imposible que un extraño hubiera subido a ese lugar, pues todos los accesos estaban perfectamente controlados. La investigación terminó a las seis de la mañana y lo único que teníamos era la sombra registrada en el tercer piso del hospital. Entonces nos retiramos a dormir para continuar la noche siguiente.

Al anochecer algunos nos reunimos a cenar para luego volver al hospital naturista. La conversación giró en torno de la sombra obtenida en la investigación. Era necesario plantearse todas las explicaciones lógicas y ver qué pudo dar ese efecto. Nadie encontró explicación alguna y decidimos que pudo haberse tratado de cualquier cosa, así que tomaríamos todo con calma y estaríamos preparados para lo que se presentara esa noche. De vuelta al hospital, los demás investigadores tenían el equipo listo y colocado.

Cerca de las ocho de la noche entramos de nuevo al nosocomio. Fueron largas horas de constante expectativa, pero no pasaba nada y únicamente se escuchaban las olas del mar, que está a unos pasos del hospital. Uno de los sensores, al cabo, empezó a activarse, indicando que algo se hallaba cerca de nosotros. En ese momento los investigadores nos dirigimos al segundo piso, donde se concentró la investigación. El lugar estaba en oscuridad total y lo único que podíamos ver eran las luces de los láser que señalaban las diferentes puertas. En ese momento los láser empezaron a cortarse, como si alguien estuviera allí. Mentiría si ocultara que algunos de los muchachos se pusieron muy nerviosos, pero no perdieron la calma y se dispusieron a grabar o fotografiar lo que fuera.

En ese preciso instante, en algún lugar del pasillo que estaba a nuestras espaldas, una sirena se activó. Al volvernos vimos con asombro cómo los sensores de movimiento se encendían uno a uno como si alguien pasara por allí. Fue cosa de segundos y el síquico mencionó que estaba entre nosotros un ente que, según él, pertenecía a una enfermera. El síquico no sabía qué tipo de fantasma estábamos buscando, esto con intención de evitar que diera datos manipulados. Le pregunté cómo sabía que era una enfermera y me la describió claramente, descripción que comparé con la fotografía que teníamos del hospital de San Luis Potosí.

El momento en que la Planchada pasó detrás de nosotros duró varios minutos y las cámaras fotográficas empezaron a funcionar solas, conectadas como estaban a los sensores de movimiento.

La mañana siguiente volvimos al hotel. Ya no podíamos seguir la investigación por el elevado costo, así que retornamos a la ciudad de México y mandé revelar los rollos de la investigación. Revisamos cada una de las tomas y quedamos muy sorprendidos al descubrir que en el fondo de la habitación, al término del pasillo, se hallaba la sombra de lo que es aparentemente una enfermera.

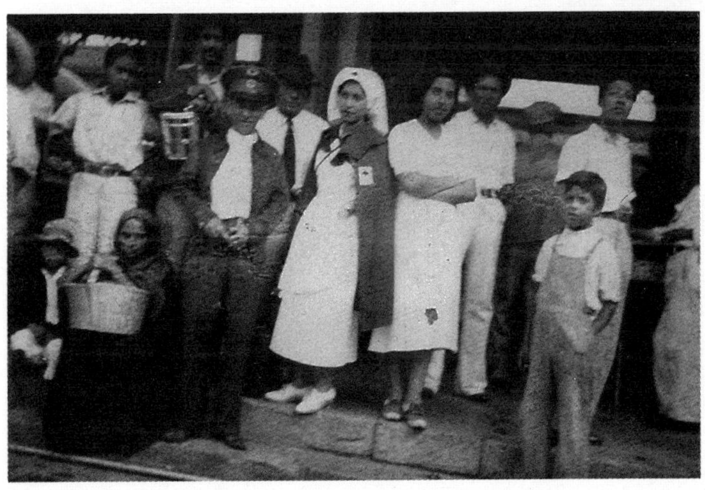

Fotografía de Eulalia, quien luce su uniforme blanco.

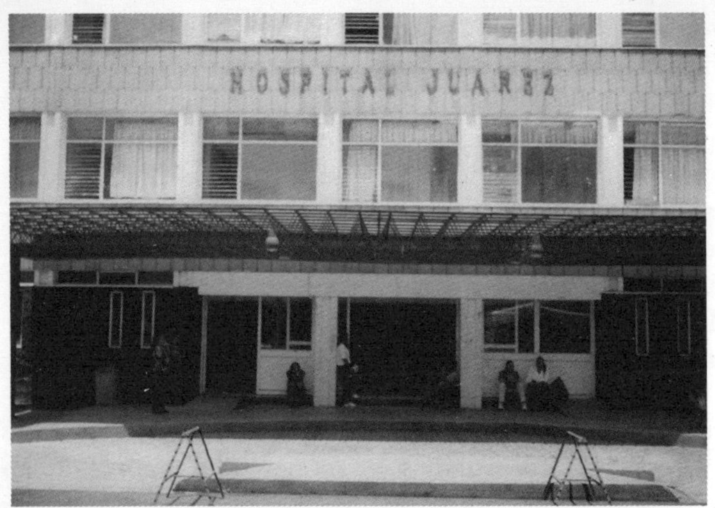

Fachada del Hospital Juárez.

Capilla del hospital.

Hospital naturista.

En esta situación se encuentra el ruinoso inmueble.

La Llorona

Encontrar lugares que con el tiempo se han olvidado, y visitarlos, es maravilloso y sorprendente. Algunos de los más impactantes para mí son los de la Santa inquisición, establecida en México en el año de 1571, época en que se quemaba a la gente que practicaba brujería o tuviera supuesto pacto con el demonio. En la era de la Inquisición, los herejes eran encarcelados sin que se les acusara formalmente. Encadenados en frías y lúgubres mazmorras llenas de bichos ponzoñosos, sólo podían comer sus propios excrementos acompañados de la poca agua sucia que les daban. Si confesaban su pacto con el demonio, el castigo aumentaba, y si seguían negando la dominación del maligno, eran encarcelados durante meses o años para salvar, según los ignorantes inquisidores, sus almas.

Hay registros de prisioneros que se pudrieron entre las rejas durante más de 30 años, y encontré reportes de personas que duraron muchos años más viviendo esto. Cuando no soportaban el dolor, sabían que la única forma de librarse del encierro era admitir una mentira; gritaban entonces su culpabilidad mientras los torturaban, y este era el principio del verdadero dolor y martirio. El inquisidor y el obispo tenían que estar presentes para mostrar los instrumentos de tortura que se usaban en los cuerpos desnudos de los prisioneros. Éstos, hombres o mujeres, veían con verdadero horror los hierros candentes y las ruedas macabras que se utilizaban. Los frailes, para refinar la tortura, premiaban al verdugo que castigara y mutilara a los presos con lentitud, durante el mayor tiempo posible, a fin de llevarlos al límite y mantenerlos con vida para que, luego de absorber el castigo de la Santa inquisición, si sobrevivían, llegaran a la hoguera.

En esa época la Santa inquisición era semejante a una institución judicial, que tenía como misión localizar, procesar y sentenciar a toda persona culpable de herejía, entendiendo a los herejes como enemigos del estado.

¿Te has puesto a pensar dónde estaba la hoguera y qué personajes murieron ahí?

Imagina por un momento que caminas tranquilamente por la Alameda central de la ciudad de México y te sientas junto a la fuente principal a descansar y disfrutar de un excelente día. De pronto todo empieza a girar a tu alrededor a gran velocidad y las cosas comienzan a distorsionarse; paulatinamente todo se trasforma. Algo extraordinario ha ocurrido y lo que giraba se detiene y ves cómo las cosas con que estabas familiarizado han cambiado. La gente que normalmente vestía traje o mezclilla, ahora luce diferente. ¡Cuidado, te encuentras sobre una hoguera de la Santa inquisición! Terrible verdad, pero allí estaba el quemadero, en la Alameda central. Allí campeó siglos atrás la tragedia, en medio de la desesperación de gente brutalmente asesinada por la ignorancia de las personas que en ese momento gobernaban al país.

La célebre *Llorona* fue quemada en la hoguera de la Inquisición. Su nombre era Marina Moncada de los Reyes, persona a la que muchos odiaron porque jamás comprendieron su terrible tragedia. ¿Cómo fue posible que una madre matara a sus hijos en vez de darles protección y amor?

Esto es incomprensible en nuestra época tanto como lo fue en su tiempo. La escena en la hoguera fue brutal, y en el momento del juicio todos querían lincharla, hacer justicia con sus manos. ¿Ignorancia, injusticia? Quizá, pero ella tenía que pagar su pecado a manos de los hombres, y por eso fue quemada en vida, a los ojos de todos. Ella era culpable; sus hijos, unos angelitos que conocieron la peor parte de la vida en poco tiempo. La gente vio cómo la mujer se consumía, contemplaron su sufrimiento y lograron escuchar el desgarrador grito de arrepentimiento y dolor por sus hijos, grito que estremeció las calles aledañas. Una corriente de escalofríos quedó grabado en la memoria de todos los presentes. Pero el castigo no quedó ahí, pues existe el Todopoderoso que tarde o temprano nos juzga a cada uno. Él tampoco la perdonó, sino que la condenó al sufrimiento eterno y, desde entonces —siglos han pasado ya—, vaga ella por calles, plazas, parques y se acerca a los ríos buscando a sus hijos muertos. Y así será hasta que Dios mismo considere que ha pagado su culpa y la perdone.

¿Ustedes qué piensan? ¿Creen que alguien que mató a sus hijos merezca perdón? ¿O se trata de algo que nadie puede perdonar, ni el más ruin de los hombres?

Puede ser que todo esto ya lo sepas, pero lo que no sabes es que la Llorona pasaba por la calle de Corregidora y terminaba su pesaroso recorrido arrodillándose en la Plaza Mayor. Sí, en pleno centro del Distrito Federal. Allí se ha escuchado el grito escalofriante que ha aterrorizado a muchos: ¡Aaay... mis hijos!

Se dice que la Llorona se aparece en los pueblos cercanos a los ríos. Se cuentan diversas historias. Unas afirman que era una mujer joven que mató a sus hijos y arrojó los cuerpos a un río; otras señalan que no mató a sus hijos sino a su marido. También se cuenta que mató a sus hijos y los echó a un río bajo el Puente de Alvarado, en la zona donde se encuentra la estación Revolución del metro de la ciudad de México. Esto explicaría por qué es común verla penar en este lugar.

La historia también registra, antes de doña Marina, a otras *Lloronas*, una de ellas la *Malinche*, de quien se dice que fue castigada porque traicionó a su pueblo. Y así puedo seguir explorando muchas historias, hasta llegar a la mitología de los antiguos mexicanos, que mencionan a la diosa Cihualcóatl (culebra-hembra).

Con independencia de las diferentes versiones, la Llorona es una leyenda identificada con el pueblo mexicano. Como bien se sabe, antiguamente se utilizaba la leyenda para atemorizar a los niños diciéndoles "pórtate bien o la Llorona vendrá por ti". Aunque el tiempo se ha encargado de borrar de la memoria colectiva muchos fantasmas históricos, la leyenda de la Llorona se ha mantenido viva.

En mi opinión, después de la gran cantidad de investigaciones que he realizado, cuando mucha gente cree en un fantasma la energía de todas esas personas, sumada, es tan fuerte que puede crear y proyectar el fantasma. Cazar un fantasma como la Llorona es muy difícil, pero fue un reto que me impuse, de modo que tomé la decisión de adentrarme en su historia. Mi primer contacto se dio en un poblado de Sinaloa con una persona de nombre Juan José Ríos. Allí varias personas señalaban que la Llorona había pasado por el río del lugar, y si bien muchos se escondieron, otros salieron a su encuentro. Sin embargo, de todas las personas del poblado sólo una la había escuchado gritar. Indagué dónde la había escuchado, y otros lugareños me dijeron dónde les había parecido verla, pues deseaba seguir al espectro. Pero nunca lo encontré, pese a que me quedé con mi esposa Yuss en el lugar varios días más, sin que escucháramos o viéramos algo extraño. Pero mi interés en la Llorona era grande y decidí buscarla en otros lugares donde decían haberla escuchado o visto. Así llegué la laguna de Tejocotal, que llamó mi atención porque allí, supe, las apariciones de la Llorona eran frecuentes.

Estando allí me enteré de una persona que no únicamente la vio, sino que la tocó y, aún más, la abrazó. Esto me impulsó a buscar y tomar el testimonio de don Carlitos, hombre de más de noventa años que falleció poco después de nuestra conversación. Su encuentro con la Llorona ocurrió precisamente en la laguna del Tejocotal.

Después de localizar a sus hijos y pedirles permiso para entrevistarlo, nos llevaron a Yuss y a mí a la casa de su padre. En la carretera nos platicaron cómo vivía don Carlitos, en una humilde casa sin luz eléctrica ni gas, de paredes sucias y empolvadas por el tiempo que sostenían el techo de paja. Justificaban ellos que su padre viviera en tales condiciones por la soledad en que se hallaba tras la pérdida de su esposa unos meses atrás. Ella había sido su compañera más de 60 años.

Al ver la casa percibí inmediatamente mucha tristeza. Don Carlitos no estaba en el lugar y salimos a buscarlo; tardamos varios minutos en localizarlo, bajando él del monte con un bulto de leña. Lo primero que noté en su rostro fue la soledad en que vivía. Nos atendió y nos sentimos muy halagados por la oportunidad que nos brindaba. Desde luego mi posición era totalmente escéptica, incrédula. Al preguntarle si la versión de que había visto a la Llorona era cierta, suspiró. Tocó luego mi hombro y me dijo que sí, la había visto y no sólo, sino que la había tocado. Su mirada era clara, convincente, no dejaba duda de su veracidad.

> Tenía diez años y vivíamos en la orilla de la laguna. Mi mamá era una mujer de pueblo, mi papá se dedicaba a la siembra de maíz que vendía en la capital. Recuerdo que era un niño muy inquieto, que siempre le hacía pasar

malos ratos a mi madre, y cierto día, casi a la hora de comer, me pidió que fuera a la laguna a llenar un balde de agua. Serían las cuatro de la tarde cuando tomé la cubeta y me dirigí a la laguna. En el trayecto encontré a todos mis cuates jugando y, sin que nada me importara, entré al partido y jugué un par de horas con ellos.

Al comenzar a oscurecer todos mi amigos se fueron y yo, recordando el encargo de mi mamá, salí corriendo por el agua y al acercarme a la orilla me incliné para llenar la cubeta. En ese momento vi de reojo que una mujer se me acercaba. Pensando que era mi mamá no quise ni voltear por temor a ser golpeado. Sentí cómo ella levantaba su mano con la intención de pegarme y la abracé fuertemente para pedirle que me perdonara. Quise mirarla y ella no se dejó, pero me extraño mucho que su vestido se sintiera acartonado y duro. Intentó abrazarme y una extraña sensación y presentimiento me invadió. Entonces me di cuenta de que no se trataba de mi madre y salí corriendo tan rápido que choqué, ahora sí con mi mamá.

Ella, lejos de estar enojada, se sentía preocupada, me abrazó y recuerdo que dijo: "¿Dónde habías estado, muchacho condenado? Te hemos estado buscando". Lo único que pude hacer fue mirarla, no pude hablar. La carrera me tenía agotado, sin embargo, ¿quién era esa mujer que había abrazado? Antes de que pudiera hablar empezó a soplar un viento tan fuerte que mi madre y yo nos agachamos. Mi mamá trato de protegerme con su rebozo y fue cuando escuchamos un lamento que decía "¡Aaay, mis hijos!" No sé cuánto tiempo pasó, pero le puedo asegurar que nunca vi a mi madre tan espantada y nerviosa.

Al llegar a casa me quedé profundamente dormido. No supe qué le dijo ella a mi papá, pero al día siguiente corría por el pueblo la voz de que don Aparicio, el carpintero del pueblo, murió por un problema del corazón abrazando la cruz que se encuentra clavada en la orilla de la laguna, el mismo día que escuchamos el grito. Y no fuimos los únicos, pues muchos habitantes del pueblo escucharon el lamento de la Llorona.

Es difícil precisar si don Carlitos abrazó o no a la Llorona, sin embargo el relato es muy interesante. Tras conocerlo, entablé amistad con él mientras vivió, y pude darme cuenta que don Carlitos era una persona intachable, que a partir de aquel día lejano no había vuelto a mentir.

El testimonio fue increíble y los lugareños afirman que, efectivamente, la Llorona paseaba por la laguna, así que para la investigación nos dividimos en dos equipos perfectamente coordinados por radio, debido a lo extenso de la zona. Permanecimos en el sitio varios días, que fueron tranquilos. La variedad de aves que bajaban a comer ofrecía un espectáculo maravilloso. Las lanchas nos conducían al islote que se encuentra en medio de la laguna, donde estaba colocado el equipo de audio y video. Los monitores estaban en posición estratégica y Beto, el sicofonista del equipo, tenía sus micrófonos listos para entrar en acción.

Todo parecía normal, hasta que después de varios días y varias noches, los perros empezaron a ponerse nerviosos. Esto nos alertó. Una noche, hallándonos dentro de las tiendas de campaña, por radio me informaban que Moly, la perra rott que estaba en el otro campamento, había empezado a aullar sin razón aparente y mostraba un comportamiento fuera de lo normal. Salí de mi tienda y noté que nos comenzaba a envolver un aire muy extraño. La noche era más oscura de lo acostumbrado; la neblina, más espesa; y Ghost, el otro perro, trataba de romper la cadena que lo retenía, como si avisara de algo que estuviera en la pequeña isla. Y de pronto oímos un alarido hiriente, sobrecogedor, un sonido como escapado de la garganta de una mujer en agonía.

El grito salió de la pequeña isla y se fue extendiendo sobre el agua, rebotando contra los montes y enroscándose en la maleza. Todos quedamos impresionados por el extraño fenómeno y en ese momento traté de buscar el origen y solté al perro para que siguiera el lamento. Los muchachos, valerosos, seguían con sus lámparas y videocámaras cualquier rastro que ayudara a localizar al ser conocido como la Llorona.

Beto me informó que su equipo había registrado el lamento y no parecía ser un ruido producido por algún animal, y agregó que nunca había escuchado lamento tan desgarrador de una persona. El grito había salido del centro del islote por lo que inmediatamente nos dirigimos a ese punto para ver si encontrábamos el rastro de la aparición. El fenómeno aún no terminaba, y al acercamos al lugar vimos a una mujer de blanco, de pie, inmóvil, mirándonos. Quedamos pasmados, sorprendidos de lo que veíamos, pero teníamos que actuar rápidamente e inmediatamente di la orden de alcanzarla y saber si se trataba de la Llorona que tanto había buscado o era alguien que quería jugarnos una broma. Al acercarnos noté una sombra blanca en la orilla del islote. Se veía claramente, parecía tener luz propia, y sin embargo no alcanzaba a distinguir su cara por más que lo intentaba; era como si no tuviera rostro. Tomé los binoculares para tener más clara la imagen, pero increíblemente se perdía y no lograba yo una visión objetiva de ella, que parecía alejarse más y más de mí. Sin embargo, pude ver cómo la sombra empezó a flotar sobre las aguas de la laguna y se perdió entre ellas. El fenómeno fue impactante y todos quedamos pasmados.

Luego de revisar la evidencia de audio y de video, lo más sorprendente fue el alarido que todos escuchamos y que fue grabado esa noche. Revisamos las cintas una y otra vez para ver si hallábamos algo más, pero lo único que tenemos es un grito desgarrador, lleno de angustia y, por qué no, de arrepentimiento. Desde mi punto de vista, era el grito de la Llorona. Decidí terminar la investigación de campo, pues teníamos material suficiente para considerar que la Llorona realmente existe y se aparece en la laguna del Tejocotal. Sin embargo hay muchos lugares en el país donde también reportan presencias relacionadas con la Llorona, porque aparentemente está en todos lados. Muchos aseguran haberla visto y coinciden en que escucharon su grito de dolor. Lo más sorprendente es que también hay concordancia en el aspecto físico que se le atribuye, pero nadie, ni yo mismo, es capaz de describir su rostro, porque es imposible verla en su totalidad. Esta y muchas otras preguntas quedan sin respuesta.

Pero saber si existió o no es muy importante para mí, así que durante meses me dediqué a encontrar la verdad de la Llorona. El único lugar donde podría encontrar evidencia escrita y legal de su existencia era en el Archivo general de la nación. Si había algún documento que ofreciera testimonio de ello, lo encontraría, y para mí significaría que se trató de una persona real que vivió su tragedia y su terrible pecado. Durante varias semanas busqué en el archivo de la Santa inquisición y luego de revisar muchos libros hallé el documento del Santo oficio que señala el castigo a doña Marina y la condena a morir en la hoguera, documento que reproduzco en estas páginas para que ustedes mismos tomen una decisión ¿Existe la Llorona? ¿Algún día caminó ésta persona por las calles, con sus hijos, sin conocer la maldad que se encerraba en ella y el terrible futuro de sus criaturas? Es decisión de ustedes.

Aquí termina la historia y la leyenda continúa hasta nuestros días.

Es interesante detenernos a pensar si la última de las *Lloronas* es doña Marina o es otra persona, ya que muchas mujeres han matado a sus hijos recientemente y cabe la posibilidad de que una de ellas sea en la época actual la Llorona. Es posible que allí esté la respuesta a mis dudas. Hay muchas mujeres que han cometido el mismo pecado en circunstancias y épocas distintas y que posiblemente paguen su crimen llorando su arrepentimiento. Lo único que me queda por decir es que, por más problemas que tengas, cuida y quiere a tus hijos, nunca los culpes de tus dificultades. Si la gente pensara en dar amor y no violencia, no habría tantos angelitos en el cielo: estarían con nosotros.

Terminemos con el fantasma de la Llorona. Que su lamento no se escuche más y quede en nuestra memoria sólo como una leyenda viviente.

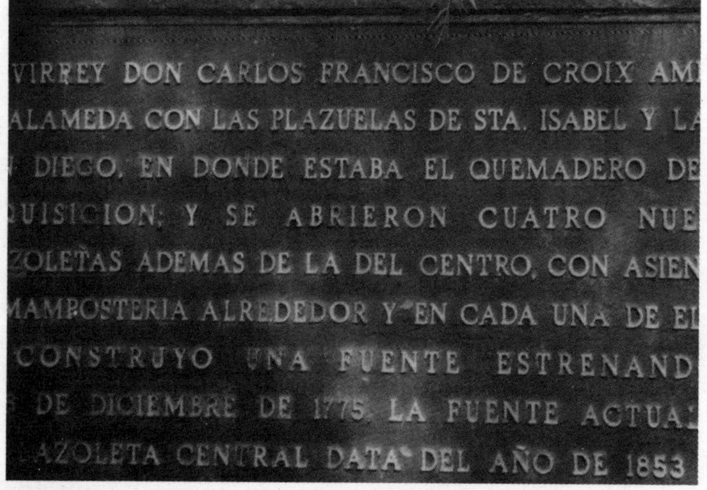

Esta placa recuerda el lugar del quemadero de la Santa Inquisición en la Alameda.

Fragmentos de las actas de los inquisidores condenando a Marina Moncada de los Reyes.

Escultura de la Llorona en la Alameda.

La soledad del Cristo Negro

Hoy me siento triste y muy cansado de luchar, pero sé que con tu ayuda, Dios mío, todo esto pasará.

Hoy decidí aceptarme como soy y no preocuparme de cómo son los demás, hoy lucharé por mí y sé que con tu ayuda, Dios mío, soy más fuerte que antes.

Mucho he luchado, así como llorado, y con tu ayuda, Dios mío, esta lucha, así como el llanto, ha parado. Ahora, Dios mío, puedo decirle a mis seres queridos que los amo, ya que he aprendido gracias a ti a amar y a quererme yo mismo antes que a nadie, y con esta gran enseñanza ahora puedo amar y querer a los demás.

CARLOS TREJO

Compuse este pensamiento hace varios años y durante mucho tiempo me acompañó en los momentos difíciles de mi vida; fue un gran respaldo emocional cuando tenía problemas. Algunas personas podrán reírse de esto o quizá no crean en Dios. Cada quien dice tener su propia verdad, pero, increíblemente, en los momentos difíciles, cuando nos encontramos en callejones en que la vida misma nos pone frente a problemas sin salida aparente, nos hacemos acompañar por Dios y le pedimos ayuda desesperadamente. Hablar de Él o dar un punto de vista religioso es muy complicado, y en general al discutirlo nunca llegamos a nada. Créanme, yo estoy muy agradecido con Dios y más porque estuve muy cerca de la muerte. En el trabajo que desempeño uno puede verlo todos los días, Dios está presente en todas las cosas que me rodean.

Los temas de la fe son para mí muy importantes. Procuro no abordarlos porque se corre el riesgo de lastimar los sentimientos de muchas personas, sobre todo cuando son muy creyentes. Mas como algunas de mis investigaciones están enfocadas a ciertos aspectos de la fe, me veo en la necesidad de dar mi punto de vista. Estas observaciones toman en cuenta la sicología de la gente y cumplen con los requisitos de la Organización mundial de investigación paranormal (OMIP) que presido y cuyo objetivo es la búsqueda de fenómenos que se repitan lo suficiente para poder estudiarlos.

El área de sicología está dirigida por el especialista Antonio, quien tiene como misión atestiguar casos extraños, por ejemplo posesiones diabólicas. Antonio visita los lugares o casas donde se nos informa que hay algún tipo de actividad paranormal y da su punto de vista. En muchas investigaciones hemos encontrado la explicación lógica de alguna supuesta posesión; en otras, por más que hemos buscado una explicación científica no la hallamos, de modo que las consideramos casos auténticos, aunque gracias a Dios escasos.

Hay de todo, por ejemplo personas astutas que se aprovechan de la buena fe de los demás y tratan de confundir a las familias para alcanzar objetivos mezquinos y personales como no trabajar, maltratar a un familiar o, en casos graves, agredir físicamente a la familia, atribuyendo esto, falsamente, a una posesión diabólica.

En mis investigaciones los resultados obtenidos demuestran que muchos casos se deben a enfermedades como doble personalidad o trastornos mentales, sin embargo hemos presenciado algunas auténticas posesiones diabólicas, como en una investigación realizada en Tlatelolco, adonde nuestro sicólogo fue enviado para visitar a una niña de ocho años de edad cuyos padres no encontraban solución a su problema. La niña aparentemente estaba poseída por el demonio y la habían llevado a centros de salud para enfermos mentales, donde le realizaron diversos estudios y parecía estar sana. Inclusive se le practicaron encefalogramas para determinar si tenía alguna lesión y esto provocara su agresividad. Sin embargo los especialistas determinaron que estaba completamente sana y no encontraban los motivos su conducta. Así que los padres decidieron llamar a la OMIP como último recurso y tomamos el caso. Antonio inicio las visitas para determinar si era un caso de posesión o no.

Antonio se presentó en el conjunto habitacional de Tlatelolco en busca de una explicación razonable de la conducta de la niña. Cuando subía las escaleras, un perico australiano que se encontraba fuera del departamento de la pequeña, sin explicación alguna comenzó a lanzar maldiciones y con insultos y agresiones verbales le pidió a Antonio que se largara. Él pensó en ese momento que tal vez el pájaro reflejaba la conducta de la familia de la niña, pero al aproximarse al perico se dio cuenta de que su voz era completamente entendible, no parecía provenir de un animalito. Algo, no sabía qué, estaba mal. Tocó a la puerta del departamento y a su llamado acudió un hombre de mediana estatura, vestido de traje, delgado, moreno, de ojos grandes, cuyo rostro reflejaba desesperación y amargura. Antonio entró y vio a la poseída, que gritaba frases muy extrañas cargadas de maldad y odio. No era la voz de una pequeña, ni siquiera la de una mujer. Era como escuchar a un hombre o más bien a varios hombres, porque la menor daba voces graves y rasposas a veces, y a veces agudas y chillonas. Era una personalidad muy dañada. Los estudios científicos que se le realizaron no habían arrojado explicación coherente y todo hacía pensar en una posesión. Como la ciencia no logró explicar el comportamiento, se le informó a la iglesia católica para que tomara cartas y la menor fuese tratada por un exorcista.

En otra ocasión pidieron mi punto de vista sobre lo que podía considerarse un milagro en la iglesia del Sagrado Corazón, en la ciudad de Durango. Allí se encontraba un Cristo Negro que lloraba lágrimas de sangre, hecho que había causado gran efervescencia en la población. Si era verdad, estaba ante un caso de veras interesante, de modo que decidí acudir a dar una opinión y viajé con Yuss a Durango.

En el sitio donde se hallaba el Cristo Negro era impresionante la multitud que aguardaba el prodigio y aprovechaba para pedir un milagro que liquidase problemas o disminuyera dolores. Nos costó gran trabajo llegar a la puerta de la iglesia. Preguntamos por el párroco y éste trató de introducirnos, pero fue imposible. Entendía yo que la fe era inmensa y esas personas llevaban mucho tiempo tratando de llegar hasta la imagen, así que le dije al padre que esperaríamos a las nueve de la noche, cuando la iglesia estuviera cerrada, para acercarnos al Cristo Negro sin incomodar a nadie.

En efecto, solitaria ya la iglesia, entramos a ver al Cristo Negro, que inexplicablemente había dejado de llorar. Sus ojos eran de vidrio, de un color azul que llamó mi atención por la combinación con el negro. Después tomé unas muestras de la imagen para determinar el material con que había sido fabricada no hacía más de quince años. El segundo paso consistió en localizar al escultor y vendedor de la figura para pedirle su opinión sobre las lágrimas que derramaba. El hombre me dio datos muy interesantes. Supe que las cuentas de vidrio habían sido colocadas por sus manos y que la imagen había sido realizada en dos mitades y en la parte central tenía un hueco que corría de los pies a los ojos.

Con esta información regresamos a la iglesia para analizar el sitio en que estaba la imagen. Tomamos muestras para determinar si había allí algo que pudiera estar provocando el fenómeno y tener así una respuesta para lo que sucedía. Supimos que la imagen de madera había sido colocada en ese lugar recientemente y de hecho el fenómeno comenzó el día que la pusieron allí. En el sitio había mucha humedad, que era absorbida por la imagen de madera; después, con el calor, la humedad se evaporaba y al condensarse salía por los ojos. Sobre el color negro de la imagen, el agua producía el efecto visual de que el Cristo lloraba lágrimas de sangre.

Le di a conocer al párroco un informe completo de la investigación, en el cual explicaba la lógica del hallazgo. El sacerdote, con gran tranquilidad, me pidió que lo acompañara. Yo, muy motivado, le expliqué el resultado de mi trabajo, las condiciones en que se encontraba el Cristo y la razón de sus lágrimas; en suma, le dije que, desafortunadamente, no había ningún milagro. Él me pidió que subiéramos las escaleras que conducían al coro, en la parte más alta del templo, desde donde hay una magnífica vista de todo el lugar. Desde allí se contemplaba la imagen del Cristo Negro rodeada de gran cantidad de personas que le depositaban ofrendas por los milagros concedidos, veíamos a todos los creyentes muy emocionados al acercarse a él. En ese momento el cura me dijo que, efectivamente, la ciencia había podido encontrar respuesta a los milagros de Dios, pero no podría encontrar jamás una respuesta a la fe de las personas, tan grande que es capaz de curar, dirigir, enderezar una vida perdida y, ¿por qué no?, hasta mover montañas.

En ese momento no le entendí. Se trataba, para mí, de un fenómeno explicable y no captaba por qué me decía esas cosas. ¿Y por qué no revelaba la verdad a los feligreses? Tenían derecho de saberlo. Bajamos hablando aún acerca de la fe. Una señora se nos acercó y con lágrimas en los ojos le dijo al párroco que había traído a su hija, la cual, tiempo atrás, se había caído de un árbol. El golpe fue tan fuerte que seguía grave y los médicos ya habían perdido la esperanza de salvarle la vida. Cuando la ciencia llega a sus límites, nace la fe y demuestra de lo que es capaz. Por eso ella había venido a pedirle al Cristo Negro que diera a su hija fuerzas para salir adelante, para recuperarse. Milagrosamente la niña salió del coma. Eso, para todos, incluidos los hombres de ciencia, es un milagro.

Me conmovió tanto ver y escuchar ese estado de fuerza y de fe, que al momento entendí lo que el padre había estado tratando de explicarme. Finalmente la señora besó la mano del sacerdote y se fue. En el instante en que él se volvió a verme, mi expresión había cambiado, ahora lo entendía. "Sí, padre, es un milagro", le dije convencido. Le tendí la mano, agradecí las atenciones y la enseñanza, me despedí y salí de la iglesia aún con el informe en la mano y una gran sonrisa de fe y esperanza dentro de mí.

No fue la primera ni la última vez que me encontré con el Cristo Negro. Pronto tendría otro encuentro con él en Chapala, donde un verdadero alboroto se había ocasionado cuando una familia salió gritando una mañana que el Cristo Negro estaba dibujado en la pared de su casa, en una vecindad. Y allí me presenté para estudiar el fenómeno. Tenía que pasar inadvertido para llevar a cabo la investigación, así que durante largas horas me formé en la fila para tratar de llegar frente al Cristo, y pude ver cómo los vívales cobraban para que las personas pudieran admirar el fenómeno. Pero algo más noté en esa casa, algo que muchos no advirtieron: la propiedad estaba recién remodelada, el olor a pintura fresca aún se respiraba.

Al salir vi un bote de pintura que servía de depósito de basura. Anoté la marca, el color y el tipo de pintura y le pedí a José Luis, integrante de mi equipo, que se informara sobre la calidad de la pintura y sus componentes. En poco tiempo me entregó el resultado de la indagación. La pintura se vendía en una tienda comercial cercana al lugar, era de las más económicas y de componentes ordinarios. Tenía que descubrir cómo habían logrado plasmar la imagen del supuesto milagro, así que mandé comprar un bote de la misma pintura y en un muro de la casa de Cañitas hice pintar una pequeña parte. Coloqué sobre ella un cuadro, lo dejé una semana y al retirarlo la imagen estaba dibujada en el muro perfectamente clara, en la misma forma que el supuesto fenómeno anterior.

El milagro del Cristo en la pared había sido divulgado en los noticiarios una semana antes, y con el resultado de mi investigación logré desmentir la falacia gracias a los medios de comunicación. El supuesto milagro estaba sirviendo para engañar y timar a la gente valiéndose de la inocencia de su fe, y no me parecía justo que lucraran con el amor y el dolor de las personas. El caso terminó de inmediato y las personas que habían estado engañando a los habitantes del pueblo tuvieron que cambiarse de casa. Pero jamás imaginé que seguiría al famoso Cristo Negro en otra investigación solicitada por una dama de edad madura de nombre Teresita.

Ella se comunicó conmigo para pedirme ayuda. Dijo que tenía un tesoro enterrado en su propiedad, pero un demonio lo cuidaba con celo. Su hermano había intentado sacar el tesoro, pero el demonio trató de matarlo en el lugar donde escarbaba. Pudo observar cómo el hermano salía corriendo de la casa, gritando desesperadamente que le quitaran al demonio de la espalda. Estaban tan asustados que me localizaron.

El caso me interesó, así que hicimos las maletas y partimos a un rancho en San Luis Potosí, muy cerca de Real de Catorce, pueblo famoso donde se ubicó la primera casa de moneda de nuestro país. Actualmente Real de Catorce es un pueblo fantasma.

La señora Teresita nos recibió amable y nos trasladamos al sitio donde se hallaba el tesoro. Lo primero que hice fue poner un detector de metales y escuchamos cómo sonaba. Después até al lado una oveja y comencé a cavar, protegido por una mascarilla con oxígeno y guantes.

Durante la excavación todos vimos cómo la oveja comenzaba a enloquecer, luego rompía sus ataduras y salía corriendo. Los presentes se pusieron a rezar, pensado que el demonio había atacado nuevamente, en este caso al animal. Estaban equivocados. La explicación del fenómeno es que los metales, al hallarse enterrados, despiden vapores o gases tóxicos capaces de causar daños graves a la salud; son alucinógenos y en gran escala pueden provocar la muerte, como sucedió con la célebre maldición de Tutankamon, en Egipto; los arqueólogos entraron al recinto y respiraron los dañinos gases del excremento de murciélagos que durante muchos años había permanecido allí.

Volviendo a la investigación, finalmente encontré el tesoro: monedas e imágenes religiosas que quizá pertenecieron a una iglesia. Al hacer entrega de los objetos, la señora Teresita, en agradecimiento, me regaló un Cristo Negro, también conocido como Señor del Veneno. ¿De dónde había surgido, por qué era negro, por qué se le daba este último nombre? Mi curiosidad aumentó, sobre todo porque en varias ocasiones el Cristo había cruzado mi destino, así que decidí investigar la leyenda.

Acudí a diferentes poblados y templos a pedir informes y finalmente, en una iglesia del centro histórico de la ciudad de México, descubrimos al verdadero Señor del Veneno y su historia, que se remonta al 18 de agosto de 1602, cuando llegó a México la orden religiosa de los padres dominicos. Los dominicos se instalaron y posteriormente llevaron la orden a distintos puntos de la república. Fundaron aquí un seminario de nombre Porta Coeli (puerta del cielo), en cuya iglesia tuvieron un bello crucifijo de tamaño natural, con Jesucristo con su blancura característica. La imagen desde entonces era venerada por el pueblo, y en 1926, a causa del conflicto religioso, cuando el estado mandó cerrar el recinto la imagen fue trasladada a la catedral.

La leyenda nace de un clérigo que tenía por costumbre hacer oración ante ese Cristo todos los días y al finalizar sus oraciones besaba los pies de la imagen. Un día, un hombre confesó al padre que había robado y matado cruelmente a un semejante. El sacerdote le dijo que Dios estaba siempre dispuesto a perdonar, siempre y cuando devolviera lo robado y se entregara a la justicia, ya que la confesión no era suficiente. El hombre se retiró lleno de furia, esgrimiendo pretextos para justificar aquel acto.

El sujeto, temeroso de que su confesión saliera de los labios del religioso, trató de matarlo. Tras mucho pensar cómo poner fin a la vida del sacerdote sin que lo descubrieran, decidió que la mejor forma era ocultarse una noche en el templo y untar veneno en los pies del Cristo, los cuales serían besados por el sacerdote tras decir sus oraciones, como era su costumbre.

Así, una noche se introdujo a la iglesia y puso en el Cristo el veneno más poderoso, de modo que el sacerdote no tuviera la mínima oportunidad de salvarse. Todo sucedía como lo había planeado. Tras decir sus oraciones, el clérigo acercó los labios a los pies del Cristo, y en ese preciso momento los presentes se maravillaron al ver cómo la imagen elevaba los pies para que no fueran tocados por los labios del padre; a la vez, el color de la imagen, de ser blanco como una nube, pasó a ser negro como la noche. El hombre que había intentado asesinar al padre fue mudo testigo de este hecho, y fue tal el impacto emocional por él sufrido, que corrió a entregarse a la justicia. El Cristo fue bautizado por el pueblo como Cristo Negro o Señor del Veneno; el asesino, por su parte, purgó su condena y consagró su vida a Dios y a ayudar a los fieles que veneran al Cristo Negro.

Esta es una de tantas leyendas registradas en los archivos de la nación. Durante la investigación di con un dato curioso. En el caso anterior hablamos de fe, pero ¿qué pasaría si un fenómeno paranormal le ocurriera a un personaje importante en la historia de nuestro país? Si te diste cuenta, mencioné una fecha muy importante al decir que el estado mandó cerrar las iglesias en 1926, pero lo que no sabes es cómo se volvieron a abrir. Esta es otra leyenda, que tiene mucho que ver con la virgen de la Soledad y un ex presidente de México.

Plutarco Elías Calles nació en 1877 en Guaymas, Sonora. Al triunfo de la revolución fue designado por Carranza gobernador y comandante militar de Sonora y en 1915 dictó leyes que prohibían la fabricación y venta de alcohol, creó escuelas en todos los lugares donde existieran más de veinte niños y prohibió la tortura en las cárceles. El presidente Venustiano Carranza lo llevó a su gabinete como secretario de Industria y comercio. Fue elegido presidente para el periodo 1924-1928 y durante su mandato dictó medidas como la creación del Banco de México. Después de leer una biografía de Enrique VIII de Inglaterra decidió seguir sus pasos y romper con Roma. Patrocinó la fundación de la Iglesia católica mexicana y rompió las relaciones entre iglesia y estado, por lo que la iglesia denunció en un acto público la Constitución de 1917 y el gobierno de Calles respondió con el cierre de conventos y escuelas católicas. Con tales antecedentes era de esperarse que este conflicto desembocara abiertamente en una revolución conocida en la historia como rebelión cristera. Esto último dio al presidente Calles una experiencia que nunca imaginó.

La leyenda comienza en el año de 1928, último del mandato de Calles. En el salón de recepciones de Palacio nacional aguardaba una hermosa mujer vestida de negro. Los secretarios preguntaron a la mujer qué necesitaba y ella respondió que tenía que hablar en privado con el presidente de la república. Llegó el rumor al secretario particular de Calles, quien al verla quedó maravillado por la belleza de la joven mujer y de inmediato le dio aviso al presidente.

Al cabo de unos minutos la mujer fue recibida por el presidente Calles. Éste, mientras se peinaba el bigote, preguntó a la dama qué se le ofrecía y ella respondió que iba a pedirle un gran favor. Hacía dos años unas personas habían cerrado su casa, por lo que suplicaba que por favor la abrieran. El presidente de inmediato ordenó al secretario que tomara la dirección y a la mujer le dijo, promesa de Calles, que ese mismo día su casa estaría abierta nuevamente. La mujer dio la dirección de su casa, calle de la Soledad número ocho. Plutarco Elías Calles, pensando que se trataba de una casa de prostitución y que quizá podría hacer una conquista, pidió a su secretario que fuera a investigar la casa de la hermosa dama y que la abrieran inmediatamente y se asegurara de que hubiera bebida y comida suficiente, pues esa noche festejaría con la mujer.

El secretario obedeció las órdenes y salió a buscar la dirección. Unas horas más tarde volvió para decir al presidente que le habían tomado el pelo, pues esa dirección era de un templo y no de una casa particular. El presidente, molesto, tomó su sombrero, mandó llamar a varios guardias y se dirigió al sitio indicado. Caminó por la calle de Moneda y dio vuelta en la calle de la Soledad para llegar al número ocho. Efectivamente, se trataba de un templo. Calles pensó que se trataba de una broma de mal gusto y que quizá dentro hallaría a alguien que le dijera quién era la mujer que lo había visitado.

Ordenó que abrieran las puertas y empezaron a buscar a la mujer, pero no encontraron a nadie y ni el menor rastro de la bella mujer. En una de ésas el secretario entró a la capilla y se llevó una gran sorpresa. Muy impresionado, a gritos llamó al presidente para que fuera a ver lo que había ahí. Calles se reunió con él y cayó en cuenta de que la mujer que habían visto, era idéntica a la imagen de la virgen de la Soledad. Luego, Calles ordenó que la imagen fuera colocada en el altar principal del templo.

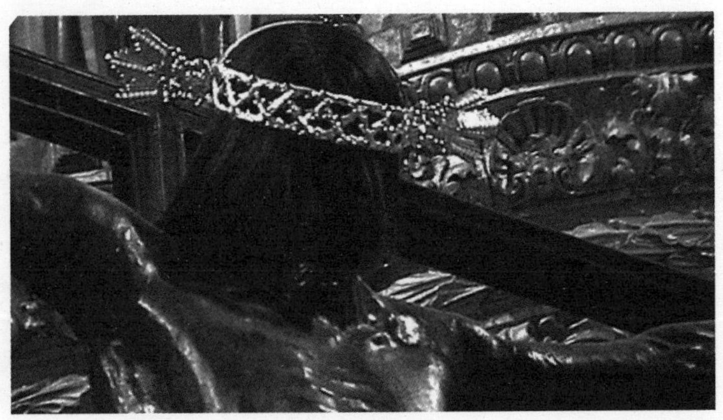

La fe alimenta la leyenda del Cristo Negro.

El fantasma de Zapata

He estado en innumerables lugares que guardan gran cantidad de acontecimientos históricos y, a veces, presencias paranormales. La hacienda Vista Hermosa, por ejemplo, guarda numerosos enigmas, y uno de ellos sostiene que en su interior mora el fantasma de Emiliano Zapata. A lo largo de las luchas zapatistas la hacienda Vista Hermosa casi fue destruida y durante años permaneció abandonada. Sólo a mediados el siglo XX la remodelaron.

Las tropas de Emiliano Zapata mataron al dueño de la hacienda y arrojaron de la propiedad a la viuda y sus hijos. Después de la revolución, lo único que quedaba de lo que fue una gran fortaleza que contaba con caballerizas, establos y pasajes ocultos, era el recuerdo de sus años de gloria, extraviado entre piedras, madera quemada y hierros retorcidos. Se dice que luego de la muerte de Emiliano Zapata su espíritu regresó a este lugar y se refugió en las mazmorras (las cuales están repletas de actividad paranormal) y aún se escucha salir de los muros el sonido de sus espuelas. Esto no forma parte de la leyenda, pues la investigación demostró que muchas personas que estuvieron en la última remodelación del lugar lograron ver al fantasma del caudillo salir de este sitio, con el sarape echado a la espalda y arrastrando su rifle, yendo a las caballerizas, como si esperase algo o a alguien.

La última remodelación ocurrió en el año de 1945. Dos grandes empresarios compraron el lugar y sobre las antiguas instalaciones construyeron habitaciones y salones. Respetaron la estructura original y utilizaron los antiguos arcos, bases, y columnas. En el año 1947, convertido en el hotel Hacienda Vista Hermosa, el lugar se abrió al público.

Los historiadores pueden olvidar o menospreciar muchas cosas, pero no la serie de acontecimientos extraños que algunos huéspedes dicen haber percibido. Por ejemplo, que las antiguas celdas las habitan fantasmas, que se escuchan ruidos extraños. Por cierto, hay dos celdas que no se abren desde la época en que se utilizaban para matar a los prisioneros encerrados ahí, que después desaparecían misteriosamente. Se dice que en los pasillos se escuchan lamentos y ruidos extraños. En la recámara nupcial hay un cuadro sorprendente, en el cual los ojos de los retratados sangran misteriosamente; hay varias versiones de este relato, que en lo sustancial no difieren.

En la hacienda nos instalamos en el sótano, donde había más actividad, y el equipo fue montado en diferentes posiciones. En los alrededores buscamos un posible entierro de dinero o armas. En la época de la revolución la gente enterraba su dinero o los objetos de valor, y si los dueños del secreto llegaban a morir, en general nadie conocía el lugar exacto donde localizar los bienes. Son tan comunes estos entierros, que las leyes de nuestro país definen claramente cómo deben repartirse los tesoros.

Después de peinar la zona tratando de dar con algo que pudiera relacionarse con la hacienda y causar algún fenómeno, supe que muchas personas de los alrededores podían ofrecer testimonio de la época de la revolución de 1910. Entre las que entrevistamos se halla Aixchel Barrera, quien combatió al lado del caudillo y afirma que Zapata no murió en la emboscada que se le tendió el 10 de abril de 1919 en la hacienda de Chinameca. Un amigo árabe, comerciante, se lo llevó a Medio Oriente, y si Zapata había vuelto, era por la burla que se hizo de su gente, que hasta la fecha sigue muriendo de hambre, sin tierra ni libertad.

Decidí saber más sobre la muerte de Zapata y los acontecimientos del lugar y me dirigí al Museo de la revolución inaugurado en 1969. Allí se exhibe la ropa que portaba Zapata cuando fue asesinado. La vieja casa donde algún día se asentó el cuartel general del Ejército del sur, se halla en la calle Vicente Guerrero de Tlaltizapán.

En esa casona la tristeza quedó atrapada entre las paredes. Allí donde alguna vez vivió Zapata, se exhiben objetos personales, como su billetera y sus rifles, y desde luego el calzón de manta que llevaba puesto el día en que fue acribillado y que en la parte trasera, del lado derecho, a la altura del cinturón, muestra un orificio de bala y una mancha de sangre. Por cierto, al ver el pantalón que llevaba ese mismo día noté que, extrañamente, no presenta orificio de bala en el sitio que corresponde al del calzón. Esto comenzó a inquietarme. ¿Cómo era posible que no hubiera congruencia en las prendas? ¿Qué pasaba? ¿De qué se trataba? ¿Sobrevivió Zapata a la emboscada? ¿Volvió después de muerto a los lugares donde luchó? No, imposible, no concibo que toda esta parte de la historia haya sido creada por la imaginación de alguien.

Mi curiosidad aumentó. La investigación estaba dando frutos interesantes, insólitos. Yo me hallaba allí para investigar los fenómenos extraños que ocurrían. Tenía que saber la verdad así que me propuse entrevistar a los hijos de los sobrevivientes de la revolución. En cada localidad existía al menos uno.

Créanme que no fue agradable entrevistarlos. Luego de que sus familias brindaron su esfuerzo por la tierra y la libertad, con el sacrificio de las vidas de madres, esposas, primos, hermanos y los propios hijos; luego de que lucharon con el corazón por un porvenir mejor para las nuevas generaciones, se les ha pagado con abandono e injusticia. No tienen tales tierras, siguen en la miseria mientras otros se levantan el cuello alabando una revolución en la que nunca lucharon. Esto era doloroso y me llenó de rabia, de indignación.

Volviendo al tema, en diferentes entrevistas los testigos estuvieron de acuerdo en que Zapata vivió en el Medio Oriente o en otra región del planeta gracias a un amigo que lo sacó del país y lo apoyó. También aseguraron que Zapata tenía en su tropa a una persona que se parecía mucho a él, y fue éste el enviado a la emboscada. Fue al doble a quien acribillaron y no al verdadero Emiliano. Surgieron más dudas. El fantasma que se aparecía en Vista Hermosa y en los pueblos de Morelos era Zapata o posiblemente su sustituto. Por tal motivo decidí visitar la tumba del caudillo revolucionario.

En Cuautla acudí a la tumba de Zapata, pero su descanso había sido perturbado, ya que sus restos fueron exhumados para ponerlos en un monumento en una plaza de la población. Fui a este lugar con Yuss. Una estatua enorme de Emiliano Zapata se erguía orgullosa frente a nosotros en medio de un parquecillo, cerca de los puestos de los vendedores ambulantes. Llamó mi atención una marchita corona de flores a los pies de la estatua, que según fui informado no había sido colocada por el gobierno del estado sino por un particular que cada año visitaba el lugar acompañado de sus hijos. El señor, de nombre Atilano, vivía en las afueras de Cuautla. Obtuve los datos y me eché a buscarlo para saber de su relación con Zapata.

Don Atilano, al verme con mis investigadores, me preguntó qué interés tenía en el tema. Le dije que investigaba sobre el fantasma de Zapata que se aparecía en diferentes poblados y en especial en la hacienda Vista Hermosa. Y él me dijo con firmeza que, efectivamente, Zapata seguía cabalgando erguido, orgulloso aun después de muerto, y como en reproche dijo que el de Zapata, más que cualquier otro, era el nombre más importante en nuestra historia. Consideraba don Atilano que no se había dado la importancia debida a la muerte de Zapata, quien había muerto de viejo en el extranjero. A él le constaba, pues lo había visto morir. ¡Increíble! Si lo vio morir, ¿por qué no recordaba el lugar exacto y las circunstancias de su muerte?

No supe qué pensar. Una de mis reglas en la investigación es no poner en duda lo que la gente dice, a menos que se compruebe lo contrario. Pero esto era extraordinario, la información que tenía aseguraba que Zapata había logrado escapar de la muerte y quizá partió al extranjero. ¿A dónde? Eso nadie lo sabía, pero los entrevistados que de una u otra forma tuvieron relación con Zapata o lo conocieron, afirmaban que lo señalado por la historia no es del todo cierto: la emboscada fue real, pero la identidad del muerto era otra. Zapata no murió. Mi cabeza buscaba una explicación. Pregunté a don Atilano cómo era posible que conociera con tanta exactitud la vida de Emiliano Zapata, y sin titubear respondió que Zapata había salido vivo de la emboscada y otra persona había sido sacrificada. La seguridad con que hablaba me impactó. Denotaba firmeza y convencimiento en cuanto a lo que narraba, así que reformulé la pregunta. ¿Cómo sabía todo eso? La respuesta fue clara y firme: "el que murió ese día no fue Emiliano Zapata, sino mi padre, quien se prestó para cubrir su huida al extranjero".

Créanme, quedé muy sorprendido. Siempre he dicho que la historia nos dice lo que pasó, pero no sabemos si en efecto ocurrió así. Don Atilano, por su edad, bien podía ser hijo de algún revolucionario, pero decir que era hijo de aquel que fue asesinado en lugar de Zapata, era aventurado. Aun así, dejé que terminara de decir su verdad.

> Yo era muy pequeño y recuerdo cómo entró mi papá a la casa y le dijo a mamá que tenía que cubrir nuevamente a Zapata en otra que parecía ser una emboscada. Le dijo que no se preocupara, que todo saldría bien, y al parecer esta sería la última vez, pues todo había terminado. Al siguiente día mi padre se vistió con la ropa que utilizaría don Emiliano. Mi jefe se fue de la casa con varios revolucionarios que lo escoltaban y después, ese mismo día, vi llegar a esas mismas personas, que le informaron a mi mamá que a mi papá lo habían matado. Lo único que vi en ese momento fue un sarape que envolvía un cadáver, que estoy seguro era el de mi padre. Después de que mi madre recogió el cadáver envuelto en el sarape, lloró toda la noche. Maldecía a todos y yo no entendía nada de lo que estaba pasando.
>
> Con el tiempo supe que mi padre había muerto cubriendo a Zapata en la emboscada que le habían tendido. Por eso, el fantasma que dicen ustedes estar investigando no es de Zapata, es el de mi padre.

Así me fue contado y así fue escrito. Sería difícil descubrir si la historia era real, pero la investigación resultó sorprendente. En una de las haciendas abandonadas donde al parecer la presencia de Zapata era profusa, montamos el equipo necesario para investigar el fenómeno, para verificar cualquier suceso paranormal que se presentara. La antigua casona está en ruinas y no parecía que hubiera algún tipo de actividad paranormal.

Durante varios días aguardé con paciencia, sin que sucediera nada extraño. Y una noche, hallándonos todos dormidos, Iván y Luis despertaron y comenzaron a despertar a los miembros del equipo de investigación. El motivo era que en la espesa noche se escuchaba claramente que alguien cabalgaba. En cuanto lo escuché encendí inmediatamente todo el equipo técnico. Lo primero que empezó a enviar fuertes señales fueron los sensores de movimiento; después se activaron los medidores de campo electromagnético, que sonaban sin cesar indicando que algo pasaba. Sólo en ese momento logramos obtener algo que daba indicios de que el fantasma de Zapata rondaba el lugar. Y toda información debe ser tomada en cuenta para elaborar teorías.

Tomamos nuestros puestos. Estábamos pendientes de cada sonido, de cada movimiento, para grabarlo e investigarlo. El objetivo era claro y directo: obtener un fenómeno lo suficientemente repetitivo como para estudiarlo de cerca, analizarlo a profundidad y entender aún más el principio de la actividad paranormal y sobrenatural. Mandé guardar silencio, pues el golpeteo de los cascos del caballo se escuchaban cada vez más cerca. Teníamos la adrenalina y los nervios alterados, pero se trataba de controlarse. Necesitábamos ver algo que nos sorprendiera, esperábamos lo peor para obtener lo mejor. De pronto un fuerte viento empezó a soplar y levantó una gran cantidad de hojas y polvo que cubrió todo en nuestro derredor y anuló nuestra visión. Fue desesperante. Nos comunicamos entre todos para comprobar que estábamos bien. Era angustiante no ver siquiera tu nariz y no saber qué se hallaba enfrente. Se seguían escuchando los cascos del caballo, que salían del costado de la casona. El sonido era fuerte y claro, como si estuviera frente a nosotros. Todo sucedía como fue planeado. Los aparatos funcionaban, seguro que sería la investigación perfecta. Sin embargo algo no salió bien: un aprendiz de investigador no contestaba por el intercomunicador. No veíamos nada y sólo escuchamos un grito de terror. El ulular del viento hizo confusa la dirección del grito. No sabíamos qué pasaba, la angustia era tremenda y nuevamente intentamos comunicarnos. Esta vez Yusset no contestó. ¿Dónde estaba, qué paso, quién grito y por qué? No soportaba la idea de que algo les hubiera ocurrido. Yo era responsable del grupo y traté de avanzar esperando entrar en contacto con alguien. Daba pasos cortos, pues no sabía con qué podría topar, pero necesitaba localizar a alguien. El viento era aún intenso y los segundos se me hicieron horas. Las hojas y el polvo no me dejaban ver. De repente alguien entró en crisis. No parecía la voz de Yuss, tal vez era la del aprendiz, que tenía poco tiempo con nosotros y se había mostrado nervioso durante la investigación. Finalmente todo pasó, me limpié los ojos y llamé a los muchachos.

Al primero que vi fue a Luis, le pregunté si escuchó los gritos y me contestó que parecían provenir de todas partes. En esto vi a uno de los muchachos de reciente ingreso en el piso. Se había desmayado por la impresión y uno de los muchachos, entrenado en primeros auxilios, lo ayudó. Me eché a buscar a Yuss y finalmente la encontré: se había mareado, decidió sentarse en el piso y cubrirse los ojos mientras pasaba todo; extravió su intercomunicador y por eso no contestaba. Al verla con bien me sentí aliviado y la abracé. Luego corrí a ver qué habíamos obtenido.

Los ruidos se habían grabado en su totalidad, los sensores registraron movimiento... De pronto se escuchó un fuerte galope que iba directamente hacia nosotros. Lo que acabábamos de vivir nos había alterado a todos y no sabíamos qué esperar. Puse a todos en alerta y en sus puestos. Durante mucho tiempo había tratado de acercarme lo más posible a un fenómeno paranormal, y en este caso el fenómeno se aproximaba a nosotros. En aquel instante todos nos hallábamos listos para grabarlo en el momento que cruzara cerca de donde estábamos, pero jamás imaginé que pasaría en medio de nosotros. Cuando se aproximaba empezó a registrarse una baja de temperatura, acompañada de una sensación extraña. Era como si algo nos tocara a todos al mismo tiempo, mientras un escalofrío recorría cada uno de nuestros cuerpos.

Entre toda esa gama de sensaciones no pudimos ver nada más que una sombra que pasaba junto a nosotros, como un chispazo. Nos hallábamos muy alterados y sin poder encontrar justificación alguna del fenómeno.

Desconcertados, no sabíamos qué hacer. Decidí continuar la investigación ahora que el fenómeno era fuerte. Había que seguirlo, pues se alejaba de nosotros. Subimos a las camionetas y corrimos tras el ruido del caballo, pero el único aparato con que contábamos en los vehículos era un radar de sonido, un aparato sumamente sensible que capta todos los ruidos, por tenues que sean, en un radio de 50 metros. Era nuestro único apoyo para seguir al jinete espectral y en la densa noche, entre una inmensa oscuridad, lo seguimos y tratamos de localizarlo durante más de 30 minutos. El sonido se fue alejando y parecía llegar de todas direcciones. Por más que nos esforzábamos, no lográbamos definir su procedencia, lo perdíamos en la inmensidad de la noche. Cuando sentimos que todo estaba perdido, a punto de regresar al campamento, surgió el sonido de lo más profundo de una barranca. Decidí abandonar los vehículos, pues el terreno era muy complicado. Seguimos a pie, a ver hasta dónde nos permitía llegar la suerte, y ya en lo más hondo de la barranca, alumbrándonos con linternas, pudimos observar, en lo alto del extremo opuesto, la figura perfectamente clara de un jinete que blandía un machete. La precisa silueta no se prestaba a duda ni confusión: era el espectro de Zapata o de quien lo suplantó en la emboscada.

Varias horas estuvimos estudiando el fenómeno, el cual parecía no habernos percibido. Con base en mi experiencia y en la enorme cantidad de investigaciones que he realizado, puedo determinar que no se percató de que estábamos en el mismo sitio. Lo que realmente pasó esa noche, fue que estuvimos cazando el fenómeno y en cierto momento se conjugaron hora, minuto, segundo y micro segundo exacto, así como la temperatura, para hacer una línea a través del tiempo-espacio, de modo que el fenómeno pudiera verse en su momento y forma. Si el fenómeno hubiera transcurrido con más lentitud, habría cabido la posibilidad de que el espectro de Zapata, al pasar junto a nosotros, en ese preciso instante, en su dimensión, desde su propia época, hubiera podido vernos como fantasmas.

Ruinas de la Hacienda Vista Hermosa (arriba). Carlos, Yusset y un vecino (abajo).

Los fantasmas del cementerio

En la república mexicana hay gran cantidad de cementerios llenos de historias que encierran tristeza, amor, desamor, pasión, odio y toda clase de sentimientos encontrados. En pocos lugares he podido percibir tanta nostalgia como aquí, donde están enterrados nuestros seres queridos quizá junto a los seres más repugnantes que han existido. De una cosa estoy seguro, debajo de cada cruz hay una historia que puede darnos mucho para reflexionar o para tomar ejemplo de lo que no se puede hacer contra la vida.

Pero... ¿cuándo llega el descanso eterno? La respuesta tiene cantidad de variantes. Cuando pensamos que nuestro difunto ya descansa en paz, resulta que es todo lo contrario y a veces gracias a un desconocido nos enteramos de que nuestro familiar o amigo ha sido visto después de muerto en alguno de los lugares que frecuentaba o donde murió; esto es, su alma sigue penando en busca del descanso.

En esta parte del libro te platicaré algunas de la multitud de leyendas que envuelven a los cementerios, así como lo que encontré al investigarlas.

La dama enlutada

Los acontecimientos que rodean esta leyenda son tan recientes que todavía se comentan entre la población potosina.

Todo comenzó la fría noche del 4 de noviembre del año 2000. Abel Morales, conductor de un coche de alquiler, llevaba ya cinco horas trabajando. Había transportado a muchos pasajeros a diversos puntos de la ciudad, pero jamás imaginó que esa noche transportaría a una pasajera poco común. Eran casi las dos de la mañana y, al regresar de dejar a un cliente en la orilla norte de la ciudad, pasó por el templo del Señor del Saucito, donde se encontraba la imagen más venerada por los fieles de la población. Se trata de un Cristo muy milagroso y con frecuencia los peregrinos acuden a pagar mandas o solicitar favores.

Abel dejó atrás el templo y unos 300 metros adelante cruzó frente a un panteón llamado El Saucito. Jamás había tenido contacto paranormal, hasta esa noche en que una dama vestida de negro le hizo la señal de detenerse. El taxista frenó y preguntó a la dama a dónde quería que la llevara. Ella pidió ser conducida a varios templos de la ciudad, cosa que a Abel le pareció muy extraña. Dijo que a esa hora no había ningún templo abierto, pero la señora repuso que no pretendía entrar, solamente rezar ante las puertas.

El chofer imaginó que se trataba de pagar una manda o de hacer penitencia, accedió a llevarla y abrió la portezuela posterior. La enlutada dama pidió que la llevara al templo de san Francisco, a la parroquia de San Miguelito, al santuario de nuestra señora de Guadalupe, al templo de San Sebastián, a la iglesia del Montecillo, al templo del apóstol Santiago y, por último, al templo del Señor del Saucito.

En el trayecto Abel quiso entablar conversación con la señora y mencionó las canciones de Alejandro Fernández, pero la dama se limitaba a abrir la boca para indicar la siguiente parada. Llegaron al templo del Señor del Saucito a eso de las cuatro de la mañana, la mujer sea arrodilló a rezar frente a las puertas del recinto y luego le dijo al taxista que la llevara al portal del panteón del Saucito. Agregó que en ese momento no llevaba dinero, pero, aparte de dar en prenda un medallón, le dejaría una nota para que la entregara a su hermano, el licenciado Mario Escalante, quien pagaría la cuenta.

Abel, fatigado, sintió que algo lo obligaba a aceptar el pedazo de papel y el medallón. Revisó el objeto para ver si valía al menos lo del recorrido; era redondo, de oro, al parecer se abría y tenía grabado un nombre: Dolores Escalante. De repente se dio cuenta de que lo rodeaba un gran silencio. Un escalofrío invadió su cuerpo y en el momento en que alzó la mirada la mujer ya no estaba ahí, se había esfumado. Estaba acostumbrado a lidiar con todo tipo de gente, sobre todo borrachos difíciles, pero esa pasajera le había dejado una sensación extraña, indescriptible. El lugar en que se hallaba no era el más agradable y sintió cómo la helada corriente del miedo lo invadió. Sin pensarlo más subió a su auto y se alejó. Después de todo el medallón cubría perfectamente lo que se le adeudaba.

El día siguiente día Abel fue a ver al presunto hermano de aquella mujer, el licenciado Mario Escalante, pues le convenía más el dinero que la medalla. Llegó al bufete jurídico y preguntó a la secretaria por el licenciado, diciendo que lo mandaba la hermana del abogado. La secretaria se comunicó con el jefe y éste, disgustado, dijo que no tenía cita, que regresara otro día. Abel insistió en que necesitaba que le pagaran su trabajo y el licenciado Escalante finalmente lo recibió, muy molesto. Quiso saber exactamente de qué se trataba y quién lo mandaba, y Abel lo primero que hizo fue mostrar la nota, y dijo que la hermana lo había mandado porque no pudo pagar la deuda. El licenciado Escalante tomó el papel y en cuanto comenzó a leerlo se echó a temblar. Con voz quebrada le dijo al taxista que, efectivamente, se trataba de la letra y la firma de su hermana. Se desplomó en un sillón y pidió al chofer que le explicara cómo era la mujer y dónde la había visto. Abel le platicó la aventura en detalle, mientras el abogado temblaba y se cubría el rostro con las manos. Abel le preguntó qué le pasaba, por qué se había puesto así, y el otro se limitó a decir que pagaría con mucho gusto lo que se le debía. Y en lo que sacaba el dinero le dijo a Abel que era su obligación, pues debió cuidar a su hermana cuando era tiempo. Abel no comprendió a qué se refería; a él lo único que le importaba era que le pagaran. En el momento de tender los billetes, Escalante dijo que su hermana había fallecido dos meses atrás. Abel Morales palideció y, tembloroso, rechazó el dinero. Terriblemente asustado fue a refugiarse a su casa y dos meses después murió de una rara enfermedad.

Este caso, auténtico, es una de las leyendas más populares de San Luis Potosí. Pero hay otras también interesantes...

El panteón Sanctórum de Tacuba

La tumba de un antiguo presidente municipal de no sabemos qué lugar, es muy conocida por la serie de ruidos extraños que la rodean. Dicen algunos testimonios que los perros que deambulan por el sitio nunca pasan cerca de esa cripta; nerviosos, hacen un lejano rodeo. Los visitantes dicen que han escuchado gritos y al volverse no hay nadie, sólo la tumba. En el sepulcro descansa Amado Ramírez, hombre que hoy en día es un desconocido, o tal vez nadie desea recordarlo. Sin éxito traté de hallar información acerca de él; sólo encontré en su tumba una leyenda que al parecer dice: "No vuelvas jamás". Las letras están carcomidas por el tiempo y no se aprecia bien el texto. Pero hay una sensación cierta, una terrible incomodidad se percibe al pasar junto a la cripta.

Muchas cosas extrañas han ocurrido en este cementerio. Entre ellas cuatro muertes que se registraron en abril de 1998. Una vez se encontró a un joven desnudo ahogado en una de las piletas, tiempo después se descubrió a otro muchacho ahorcado. Decidí investigar y encontré que no había sospechosos de esas muertes; las autoridades no señalaron responsable alguno y los expedientes dicen que murieron en circunstancias extrañas. Indagando, di con otra muerte en ese cementerio: un vigilante fue hallado muerto y enterrado de los pies a la cintura, como si alguien hubiera intentado llevarlo a lo profundo de una tumba. El expediente decía que no había huellas de otras pisadas, ni palas o picos que hubiesen podido ser utilizados y, más aún, no había explicación de cómo llegó hasta allí y cómo lo enterraron, pues no existían lesiones físicas. Era una muerte más en condición extraña, inexplicable: solamente un rostro aterrorizado con los ojos abiertos. Muertes sin explicación, que podrían ser hijas de la fantasía, pero ya se sabe que a veces la realidad es más increíble que la ficción. Todo esto se encuentra registrado en la delegación novena de Tacuba.

Panteón francés de México

En la tumba de María Félix, los encargados del mantenimiento aseguran que se escuchan voces cuando la noche es más densa. De hecho han visto a la Doña, como bien se le conocía, deambular por las noches. Hay también un pasillo en el que están las tumbas de 11 personas que murieron el mismo día y año: 28 de noviembre de 1948.

Esta fue la primera tumba de María Félix.

Así luce el sepulcro de la Doña actualmente.

Pedro Infante descansa aqui

Panteón de Dolores

Cerca de la entrada principal de este cementerio está la cripta donde descansan los restos de Rosa Blanco y Pastor Moncada, fallecidos el 25 de agosto de 1928. Tiene esta cripta un niño en la parte de arriba, y por esto se le conoce como la capilla del angelito. Los empleados dicen que el angelito baja de su tumba para caminar por todo el cementerio, haciendo bromas a los incautos que allí se encuentran a altas horas de la noche: empleados, directivos.

Otra leyenda es la de Agustín Lara, compositor mexicano que se encuentra en la Rotonda de los hombres ilustres. Se dice que por las noches se escucha la música de su piano interpretando viejas canciones de amor, en su momento escritas para mujeres bellas, como la difunta María Félix. También se afirma que Lara ha sido visto en el lugar fumando su clásico cigarrillo.

Panteón Jardín

Una de las leyendas más populares del pueblo mexicano pertenece al ídolo Pedro Infante. Es uno de los fantasmas del cementerio, y varios veladores y una administradora comentan que después de la ocho de la noche se escuchan ruidos extraños y hay sombras que deambulan alrededor de su tumba.

Mucho se ha hablado de este ídolo mexicano. Ciertos rumores afirman que no murió, que como su carácter mujeriego lo llevó a tocar mujeres prohibidas, algunas de altos políticos, fingió su muerte para escapar de una venganza personal. Esta versión, cercana al absurdo, me provocó interés y me puse a investigar.

Afirmaba un rumor que existía por ahí una persona que decía ser Pedro Infante y utilizaba el nombre de

Pepe Toño. Durante meses traté de localizar al impostor, inclusive montando guardia ante la tumba de Infante. Al fin di con un sujeto que vestía y calzaba en la misma forma que don Pedro, y tras entrevistarlo me percaté de que se hacía llamar Pepe Toño e imitaba al ídolo, pero estaba muy lejos de ser el verdadero Pedro Infante.

Hay leyendas en torno a los cementerios que de verdad ponen los pelos de punta. Visitar un cementerio es cosa común, pero pasar allí la noche no es asunto sencillo. Se sabe de un lugar en el cual los fantasmas de los niños que murieron a temprana edad salen a jugar y una mujer muy joven abandona el sepulcro para aterrorizar a todo hombre que se acerque. ¿Dónde sucede esto? Visitemos el panteón de Xochimilco.

Una noche que trabajaba en mi oficina, a mi correo, carlos_cazafantasmas@hotmail.com, entró un mensaje solicitando que conversara con un hombre llamado Arturo, que pedía una investigación. El relato era el siguiente. Después de visitar la tumba de un familiar en un cementerio y limpiarla y arreglarla con flores, en un aniversario luctuoso, se dio cuenta de que la tarde se le había venido encima y casi era hora de cerrar. Para salir tenía que cruzar una parte con algo de maleza, lo que daba un toque de misterio. Sentía cierto temor porque iba solo, y en eso vio de reojo la silueta de una mujer. Al darse vuelta, apenas alcanzó a vislumbrar su perfil, pues ella se ocultó entre las tumbas, como si jugara con él. Y él inmediatamente pensó seguirla y ver quién era.

Logró alcanzarla y la joven lo miró y en seguida lo besó. Arturo quedó sorprendido por tan extraña actitud y le preguntó quién era. Se llamaba Agripina y tenía 33 años. Pensando en una conquista, él preguntó dónde vivía. Muy cerca, dijo ella, y señaló hacia lo profundo del panteón. Miró él hacia donde le señalaban y no pudo descubrir un lugar preciso. Se disponía a pedir de nuevo las señas, pero Agripina había desaparecido. Arturo se echó a buscarla y, como no la encontró, se dirigió a la entrada principal, pensando que quizá por ahí podría localizarla para continuar la conquista. No dio con ella y preguntó al vigilante si una joven había pasado por ahí. El vigilante respondió que no, nadie había pasado por el lugar. Y agregó que seguramente se le había aparecido la novia fantasma que todos conocían en el cementerio. Arturo, incrédulo, afirmó que los muertos no regresaban, de modo que no era posible. Viendo la duda reflejada en el rostro de Arturo, el vigilante le dijo que podía creer lo que quisiera, pero él estaba seguro de que había tenido un encuentro con un fantasma. En el cementerio no había más persona que ellos dos, como lo indicaba el registro de visitantes.

Arturo le pidió que lo llevara a la tumba de la novia, para verificar que existía. El vigilante aceptó y en el trayecto le dijo que había tenido suerte de que no se le aparecieran los niños que deambulaban por ahí. Arturo, incrédulo, pidió la descripción de la mujer, y al escuchar los datos que daba el vigilante se puso muy pálido, pues se trataba de la misma. Sin embargo, al llegar al sitio donde descansaba la novia, Arturo dijo al vigilante que estaba seguro de que no era ella y lo iba a comprobar mirando al interior del nicho. Casi se desmaya, pues había una fotografía de la mujer vestida de novia que yacía en la tumba; se trataba de la misma persona que había conocido y lo había besado minutos antes.

Esta increíble historia llamó mi atención y decidí entrevistarme con Arturo y hacer una investigación para saber si su dicho era real. Después de verlo y conocer su testimonio directo me seguía pareciendo increíble, así que le pedí a José que sacara los permisos necesarios para investigar en el cementerio de las diez de la noche al amanecer y alisté mi equipo técnico y humano para pasar esa noche en el cementerio.

Cuando llegué los muchachos ya tenían lista parte del equipo y conectados los sensores de movimiento y la luz infrarroja que detectarían cualquier tipo de actividad paranormal. Luego de permanecer varias horas ante la tumba de Agripina sin percibir cosa alguna, decidí ir al crematorio, donde aseguraban que también había apariciones de fantasmas. Dos horas después, por el intercomunicador se me informó que Héctor, uno de mis investigadores, había visto una sombra que cruzaba el lugar.

Los aparatos se movían, se habían activado sin explicación. Aparentemente habían detectado un fantasma y mandé pedir apoyo para ver de qué se trataba, para saber si había explicación lógica de que los aparatos estuviesen activados. Mientras permanecía en el crematorio, di instrucciones a Javier para que apoyara al equipo y vigilara la tumba de la novia. Todo estaba al parecer tranquilo y pensé que había sido una falsa alarma, pero poco después me informaron que la activación de los aparatos era positiva y que los encendía una extraña sombra que parecía salir de una de las tumbas, retornaba a ella y en dos ocasiones rodeó a los muchachos moviéndose muy rápido, por lo que era mejor que me presentara.

No sabía qué pasaba y salí corriendo hacia el sepulcro de la novia. Recorrí parte del cementerio y a mi parecer todo era normal. Uno de los investigadores, apresurado y distraído, o quizás intranquilo por hallarse a esas horas de la noche en un cementerio, topó conmigo y se llevó un gran susto. Me preguntó qué pasaba en la investigación, y le contesté que nada, pero según los últimos reportes había actividad paranormal en la tumba de la novia. Al parecer el fenómeno era muy fuerte y era mejor ir solo, así que seguí corriendo hacia la tumba de la novia para ver si realmente había actividad. Los muchachos estaban en su lugar y listos para grabar cuanto ocurriera. Era casi la medianoche y no me parecía que sucediera algo extraño o fuera de lo normal, pero varios integrantes del equipo aseguraban haber visto a la mujer salir de la tumba.

Durante unos minutos traté de tomar mediciones y grabar en video, pero todo fue inútil. La investigación estaba detenida. En ese momento Mauricio reportó sombras cerca de su lugar, por lo que subimos a las camionetas para buscar el equipo de apoyo y continuar la investigación donde se nos había dicho. Los supuestos fenómenos se registraban donde estaban las tumbas de los niños fantasmas. Decidí armar un campamento de investigación en ese lugar y colocamos el equipo de búsqueda paranormal. Estuvimos allí unas horas, con todo en calma. Finalmente me informaron que efectivamente existía evidencia de actividad paranormal, pero no se había visto nada. Esa noche toda la investigación fue de "lo vi y oí, pero no hay nada". Nada fehaciente que ayudara a determinar si lo dicho por Arturo era verdad o fantasía. Casi a las cinco de la mañana pedí el oído biónico, instrumento que permite escuchar hasta en cien metros a la redonda, de forma que se pueden descartar sonidos que vengan de fuera y limpiar aquellos realmente inexplicables, para que se sepa qué tipo de ruidos son. Pasaron varios minutos y logré escuchar una especie de alarido y otros sonidos que determiné como resonancias ambientales. Y, a punto de quitarme el oído biónico, escuché claramente risas de varios niños, como si estuvieran jugando. Ordené que todos guardaran silencio y escuché risas muy claras, y una voz fuerte, que parecía pertenecer a un pequeño no mayor de cuatro años, dijo: "aquí estamos, Carlos".

Sin que nadie supiera el porqué, terminé la investigación esa noche. Por obvias razones regresé al día siguiente solamente con un síquico. Mi intención era entrar en contacto con los niños fantasmas que había escuchado, pero no obtuve resultados concretos. Durante varios días seguí la investigación, pero no se pudo contactar nada. Lo único que se grabó fue la clara voz del pequeño. A la semana siguiente, un sábado, emprendimos otra investigación nocturna para tratar de determinar apariciones en el lugar. Las horas transcurrieron y la actividad cesó. Al salir del panteón, como a las tres de la mañana, mi camioneta quedó rezagada del resto de los vehículos. Llevábamos las luces apagadas y de pronto Iván me dijo que detuviera la camioneta y mirara hacia mi lado derecho, hacia donde estaba la tumba de la novia.

Pude apreciar la figura de una mujer que, de espaldas a nosotros, caminaba directamente a la famosa tumba. Di aviso a todos los investigadores para que bajaran de los carros con el equipo, calmados y tomando precauciones para que no se fuera el fenómeno. Pudimos seguirlo hasta el momento en que la mujer entró a su santuario.

Al obtener los registros del lugar pude darme cuenta de que Agripina llevaba una vida desordenada. Había tenido varios amantes antes de casarse y desafortunadamente, durante su luna de miel sufrió un grave accidente que le costó la vida.

Fantasma acurrucado de la niña (cruz de enmedio).

Esta es la zona de los niños donde pasea el fantasma de Agripina. En una ampliación de la fotografía, puede apreciarse la silueta de la novia frente de la tumba de la izquierda (la cripta con un ángel en el remate).

Tumba del niño que baja para asustar a los empleados del panteón.

Tequesquitengo

Ciertas personas se comunicaron a mis oficinas en México y me pidieron investigar las supuestas apariciones de una sirena que vivía en el lago de Tequesquitengo, en Morelos, México. Se hablaba de una cabeza que por las noches emergía de las aguas y varias personas, entre ellas muchos turistas, la habían visto.

Cuando se me informó esto, me pareció interesante y me puse en contacto con quienes llamaron para que me dieran más detalles de lo que se ocultaba en el lago. Existe allí un pueblo sumergido y, al parecer, durante años se ha escuchado el tañido de la campana de una iglesia que llama a misa a los antiguos pobladores, cosa que aterroriza a los actuales habitantes.

Como nadie podía explicar el fenómeno, consideraron interesante que yo lo investigara. Reuní a mi equipo de investigación para hablar de esos hechos; luego hice un plan de trabajo y decidí conocer el lugar donde investigaría. El fin de semana resultaba excelente para ir a Tequesquitengo y el sábado, muy temprano, tomamos la carretera. Encontramos la desviación al pueblo y mientras descendíamos de la sierra veía en todo su esplendor el inmenso lago: enorme, con aire muy puro, limpio. Invitaba a nadar y disfrutar de un buen paseo, cosa que nos dispusimos a hacer.

Nos detuvimos en un lugar llamado Morocco y nos entrevistamos con la persona que me había hablado por teléfono. Me presentó a don Chucho, a quien le alquilé una lancha para recorrer el lago. La primera entrevista que grabé fue con él. Me dijo que, efectivamente, había un pueblo sumergido y la leyenda se remontaba varios siglos atrás. Antiguamente en el actual fondo del lago se hallaba el primer pueblo de Tequesquitengo, que vivía de la recolección de tequesquite, de lo cual nació el nombre del lugar.

El lago de Tequesquitengo visto desde un cerro.

Con el tiempo un cacique comenzó a manipular a los antiguos pobladores, haciéndolos trabajar para él a cambio de muy escasa paga. Al parecer al cacique le iba muy bien, pues abusaba de la gente del lugar e incluso disminuyó aún más los salarios hasta hacer que el pueblo trabajara por una miseria.

Pasaron los años y el pueblo se fue inconformando por el abuso y los malos tratos, y un día corrieron del lugar al cacique. Poco después este mal hombre llamó a todos sus empleados y, molesto, inquirió: "¿Qué podemos hacer para que esa bola de muertos de hambre me venda únicamente a mí?"

No faltó quien sugiriera que la mejor forma de obligarlos a trabajar para él era a cambio de algo que necesitaran, algo vital. Inmediatamente uno dijo: "El agua, vamos a quitarles el agua para cambiárselas por la mercancía".

El plan era construir una gran presa para almacenar el agua. Cuando la terminaran construirían canales para distribuir el líquido. Como la presa se hallaría en la propiedad del cacique, los habitantes del pueblo se verían en la necesidad de darle su mercancía a cambio del vital líquido.

Todos estuvieron de acuerdo y en el transcurso de los meses siguientes la construcción de la presa empezó a llamar la atención de la gente que pasaba por el lugar. Pero el cacique saludaba con amabilidad y la gente se fue acostumbrando y olvidando los rencores, sin sospechar de los ambiciosos planes.

La presa quedó terminada antes de un año y el cacique volvió a reunir a su gente para decidir la fecha en que se llevaría a cabo el atentado. Dijo el cacique: "El mejor día para robar el agua es cuando todo el pueblo esté ocupado y nadie se dé cuenta". "¿Qué día?, preguntó el capataz. "Mañana domingo, día de misa. Todo el pueblo estará en la iglesia escuchando al padre. En ese momento haremos explotar los manantiales y cuando reaccionen la presa estará llena y nosotros seremos los únicos dueños del agua. Tendrán que trabajar por ella". Y pusieron como fecha el domingo próximo.

Se retiraron todos a dormir con la promesa de reunirse al amanecer del domingo. Al día siguiente ocuparon sus puestos esperando que dieran las doce. Y en ese momento empezaron a escuchar la campana que llamaba a misa. El pueblo se encontraba en la parte central, en el fondo de un valle, y era muy fácil vigilarlo desde lo alto. Vieron cómo la gente se reunía para entrar al lugar santo y minutos después se escucharon explosiones de la dinamita que utilizaron para hacer explotar los manantiales. Pero no tenían idea de que esto sería acompañado por una de las tragedias más horribles de la época.

El cacique y sus cómplices no calcularon la cantidad de agua que contenían los manantiales y no se imaginaron que hubiera varios veneros más. Con horror vieron cómo el agua, en vez de dirigirse a la presa, empezó a inundar el pueblo. La gente que lo advirtió corrió a dar aviso a los demás para que se pusieran a salvo. Pero todo fue muy rápido y mucha gente quedó atrapada en la trampa mortal.

Muy pocos alcanzaron a escapar. Subieron a los cerros y vieron espantados cómo personas, animales, casas e iglesia se hundían para siempre en las aguas de Tequesquitengo.

Actualmente esa inmensa tumba es lo que hoy conocemos como lago de Tequesquitengo. Por ello los actuales habitantes afirman que las almas de los fallecidos en la tragedia vagan por el poblado y que escuchan con claridad el sonido de la campana de la iglesia que llama a los fantasmas.

La historia atrajo mi atención. De hecho, yo mismo había escuchado repicar la campana la noche anterior. Traté de localizar la dirección del sonido y no había duda, venía del lago. Sin embargo, hasta ese momento se trataba sólo de una leyenda, y mi deber era descubrir si el pueblo se encontraba efectivamente hundido y qué tan cierto era lo de la cabeza que salía de las aguas.

Claro que si había ocurrido una tragedia de ese tipo, no era raro que existieran fantasmas, por la impregnación síquica que quedó arraigada en el lugar.

Grabé gran variedad de versiones testimoniales en las que muchos se referían al sonido de la campana y otros a la cabeza que asomaba entre las aguas, y unos más mencionaban que se veía gente caminado sobre el lago. Las versiones variaban, pero eran muy parecidas.

Con las grabaciones volví a mis oficinas y me puse a analizarlas para determinar si valdría la pena llevar a cabo la investigación. El tema era interesante y decidí volver a Tequesquitengo el siguiente fin de semana.

El viernes por la noche mi esposa y yo nos hospedamos en un hotel pegado al lago y allí monté nuestro centro de operaciones. Las instrucciones que di eran muy claras: la mitad de mi equipo se trasladaría al pueblo a recoger más información y los demás irían con Yuss y Luis y estarían monitoreando y radiando desde la lancha, mientras Jorge y yo nos sumergíamos.

Mi intención era detectar con radar los movimientos extraños que se dieran en las profundidades, y con un monitor infrarrojo detectar las construcciones. Concentré la investigación en el centro de la laguna y coloqué el radar lo más hondo que pude. Pasaron varios minutos sin que detectáramos nada. En lo más profundo (calculamos que de fondo tenía 40 metros) apenas podía ver algo de agua removida por la lancha y por nuestro movimiento. Buceamos a lo largo y a lo ancho hasta que los tanques de oxígeno necesitaron recargarse, por lo que abandoné la investigación entrada ya la noche.

Más tarde reuní a mi equipo de trabajo y revisamos las grabaciones y testimonios recogidos en el pueblo, así como lo tomado desde la lancha, sin que encontrásemos nada anormal. Luego me retiré a descansar y los muchachos salieron a distraerse.

Aproximadamente a las tres de la mañana Jorge se comunicó a mi habitación de hotel. Me informó que había salido a caminar con Antonio y al acercarse al lago escucharon el sonar de una campana que no era la de la iglesia del pueblo; el sonido emergía de las profundidades del lago. En cosa de segundos todos nos reunimos. Jorge ya estaba listo en la orilla de la laguna y el lanchero se hallaba muy nervioso, pero dispuesto a llevarnos lo más cerca del lugar de donde salía el sonido. El radar, los monitores, las lámparas de alógeno y el equipo de buceo estaban más que listos para entrar en acción, pero lo más importante en ese momento era estar nosotros mismos listos para realizar una investigación nocturna.

La neblina que flotaba sobre las aguas y el fuerte silbido del viento provocaban un ambiente aterrorizador. Sentí la adrenalina fluir por todo mi cuerpo. Poco a poco nos adentramos en el lago y apenas podían verse algunas luces de casas cercanas al lugar. Tuve que confiar en mi capacidad y en mi entrenamiento.

El ruido de la campana aumentó. Nos encontrábamos justo sobre el sitio de donde parecía brotar el sonido. Nada deseaba más que adentrarme en el misterio y descubrir la verdad, de modo que nos pusimos los equipos para echarnos al agua. El sonido era lo único que me guiaba y en el radar logramos detectar algo que no tenía dirección alguna, que estaba en todas partes. Grabamos el sonido de una campana, que se escuchaba perfectamente claro, como si alguien estuviera tocándola en la iglesia para llamar a misa a los espíritus de quienes perecieron en la tragedia.

De pronto en la oscuridad empezó a reflejarse una sombra. El instinto me aconsejaba acercarme con cuidado, avanzando poco a poco, y la sombra empezó a tomar forma. Pronto tuve frente a mí, en todo su esplendor, la leyenda misma, lo que tanto buscaba: allí se hallaba la iglesia en medio de una tranquilidad grotesca y fúnebre, testificando la tragedia del pasado. Por un momento me olvidé de la campana, concentrado en observar el sublime espectáculo.

Reaccioné y me puse a indagar de dónde provenía el sonido, y me di cuenta de que lo causaba el vaivén del agua. De esta forma, la antigua campana era movida de un lado a otro y producía el sonido; otro factor era el nivel de agua, muy bajo en esa temporada, lo que fácilmente hacía que emergiera el repicar de la campana.

Con sólo estirar la mano detuve el fenómeno. Después entré al templo y lo primero que vi fue el altar, que parecía intacto; era un milagro que se conservara así. Jorge y yo avanzamos por el interior y descubrimos una entrada bloqueada por dos troncos cruzados, que parecían custodiar fielmente la escalera que llevaba al campanario oscuro y sublime. Poco más quedaba de la iglesia, el tiempo la había destruido. No tuve valor para remover o tomar nada y creo que nadie lo hubiera tenido.

Entré al campanario con Jorge. Nos dimos cuenta de que una gran burbuja de aire se encontraba atrapada en la cúpula. Decidí soltar el aire de los tanques de oxígeno, y tras hacerlo nos pudimos quitar los reguladores. La sensación era increíble, la soledad aún mas. Después de tantos siglos podíamos percibir los rezos allí atrapados junto con los pecados, quejidos y aterradores gritos que pertenecían a los últimos pobladores. El tiempo era mudo y fiel testigo de este increíble acontecimiento.

Al principio mi hermano y yo nos comunicamos a señas; después logramos hablar y con gran respeto dijimos una oración por las personas que habían dejado su materia y viajado al más allá para encontrarse con el Ser Supremo.

Ya en la lancha, todos íbamos felices. Lo que era una leyenda se había convertido en un hecho. Lo que no imaginé fue que quienes se encontraban en la superficie nos habían acompañado en la plegaria.

En la grabación del fenómeno hallé ruidos muy extraños, en la cinta del radar se notaba claramente cómo algo se acercaba y se alejaba. Lo extraño era que únicamente Jorge y yo habíamos buceado. Sin embargo, en la película de la investigación se ven tres imágenes, la última separada de las otras dos. Resultaba muy extraño, no lograba explicarme de dónde salía esa sombra que no se alcanzaba a distinguir bien. Verificamos una y otra vez la grabación y la sombra seguía ahí, quizá se trataba de alguien que continúa viviendo en su pueblo fantasma. De cualquier manera, teníamos una investigación muy triste, con una evidencia increíble.

No faltó, después, el lugareño que se acercara para preguntar si estábamos investigando a la sirena que supuestamente había visto una persona de nombre Felipe. Eso me bastó para, el día siguiente, emprender la búsqueda del tal Felipe. Al cabo de dos días logré recoger su testimonio. Comentó que una noche pescaba con un arpón casero y vio una sombra muy grande. Pensando en un gran pez lo arponeó, y gran sorpresa se llevó al ver una mujer con cuerpo de pez, una sirena. La sorpresa lo hizo salir del agua muy rápido y, aterrorizado, echó a correr. Cuando se lo contó a su esposa y amigos se rieron tomándolo por loco o por borracho y prefirió no volver a tocar el tema.

La narración nos dejó incrédulos, don Felipe sacó del ropero una caja de cartón que contenía el arpón que utilizó y una escama que arrancó a la sirena, una escama fuera de lo común, de gran tamaño. Don Felipe también comentó que antes de este encuentro un compadre había visto un ovni acuatizar en el lago. De modo que me eché a buscar al compadre de don Felipe y no me fue difícil localizarlo. Durante la entrevista dijo que una madrugada despertó y se levantó para salir al baño, y cuando satisfacía la necesidad fisiológica vio una luz muy fuerte y brillante que se posaba en las aguas del lago. La luz estuvo allí varios minutos y luego se elevó y se perdió en la noche. Afirmó que no sólo él la había visto, sino también otras personas del lugar.

Después de seis meses de trabajo constante en la zona, no logré encontrar más de lo ya expresado. Si en el lago de Tequesquitengo se esconde o no una sirena, no podría afirmarlo o negarlo de manera rotunda.

Diré, como dato curioso, que Tequesquitengo es uno de los lugares donde más avistamientos de ovnis se han reportado.

Buceando en la investigación del pueblo hundido.

Hotel California / The Eagles

¿Quién no recuerda la famosa canción *Hotel California*, que popularizó el grupo musical The Eagles (Las Águilas) en los años setenta? El tema ha vendido más de cien millones de copias en el mundo y solamente es superado por los álbumes de Los Beatles.

Los grandes músicos de Las Águilas jamás rivalizaron entre sí, cada uno aportó un sonido especial a la canción (la rola, como se dice en la banda), y todos hemos viajado y llorado con la excelente interpretación de Don Henley, baterista, guitarrista y uno de los vocalistas del grupo. Su letra da mucho más de lo que te imaginas.

Muchos piensan que *Hotel California* fue inspirada por la época, pues en los setenta el uso de drogas era común, y más común era utilizarlas para crear. Otros opinan que simplemente fue compuesta con base en problemas personales del autor. Las versiones son numerosas y dejan mucho a la imaginación, pero en verdad existe una leyenda que habla de que en alguna carretera perdida los viajeros nocturnos se ven obligados a detenerse fuera de un hotel al ver a una increíble chica. Motivados por ella, salen de su auto para tratar de conocerla. Ella los invita a entrar tomándolos de la mano y tal actitud los desconcierta. Se dice que quienes aceptan la invitación, una vez que entran no saben si están en el cielo —gracias a la chica— o en el infierno —por lo desagradable del lugar—, pero se hallan en una fiesta, van al bar y piden una buena copa de vino al camarero y éste les dice que el vino se le agotó hace muchos años. Luego la chica les dice que son prisioneros de un monstruo singular. Lo último que recuerdan, según los testimonios, es que tratan de escapar corriendo, desesperados, cruzan las puertas de diversas habitaciones y acaban siempre retornando al bar, donde se encuentran, entonces lo saben, los espíritus del hotel, que han regresado después de muertos. Cuando ven a la bella mujer ella les dice: "Puedes pagar tu cuenta cuando quieras, pero nunca podrás marcharte de aquí".

¡Bienvenido al Hotel California!

Eso dice la leyenda, pero ¿qué nos cuenta la canción? ¿Te gustaría saberlo?

En una oscura carretera del desierto,
con el viento fresco en el pelo
y el tibio olor a colitas
flotando en el aire,
a lo lejos
vi brillar una luz.
Me pesaba la cabeza y tenía la vista cansada,
tenía que detenerme a pasar la noche.

Ella estaba en la puerta,
oí una campana de iglesia,
me dije a mí mismo:
"Podría ser el paraíso o el infierno".
Encendió una vela
y me enseñó el camino,
había voces en el pasillo,
me pareció oírles decir:

"Bienvenido al Hotel California.
Un lugar tan encantador.
Una cara tan encantadora.
En el hotel California hay sitio de sobra;

en cualquier época del año
aquí lo hallarás."

Su mente está retorcida por Tiffany,
ella tiene las curvas de un Mercedes
y tiene un montón de chicos bonitos,
chicos bonitos a los que llama amigos.

Cómo bailan en el patio,
dulce sudor de verano.
Algunos bailan para recordar,
otros bailan para olvidar.

De modo que llamé al capitán:
"Por favor, tráigame mi vino".
Él dijo: "No tenemos alcohol desde 1969".
Y esas voces siguen llamándome a lo lejos,
me despierto a media noche
para oírles decir:

"Bienvenido al Hotel California.
Un lugar tan encantador.
Una cara tan encantadora.
En el Hotel California todo es una fiesta,
qué agradable sorpresa
muestren sus coartadas."

Espejos en el techo,
la champaña rosa en el hielo.
Ella dijo: "Aquí todos somos prisioneros
de nuestro propio juego".
Y en las habitaciones del maestro
ellos se reúnen para la fiesta.
Le clavan sus cuchillos de acero,
pero, simplemente, no pueden matar a la bestia.
Lo último que recuerdo es que
corría hacia la puerta.
Tenía que encontrar el camino
de vuelta a casa.

"Relájate", dijo el portero nocturno.
"Estamos programados para recibir.
Puedes pagar la cuenta cuando quieras,
¡pero nunca podrás marcharte de aquí!"

La similitud de la leyenda y la canción da mucho que pensar sobre ese lugar. Conocer la verdad del hotel y compartirla contigo me motivó a investigarlo, más que por la canción, por la leyenda, que pertenece a nuestro país y no al extranjero. El hotel está situado en el Trópico de Cáncer, en la península de Baja California, al norte de cabo San Lucas y a una hora de La Paz, en un oasis.

En el mes de junio salí con Yuss a Los Cabos con intención de saber más de esta leyenda. Involucrarnos en ese misterio de veras nos motivaba a mi esposa, a mí y a mis compañeros José Luis Noguez e Iván para continuar la búsqueda del velo que separa la vida de la muerte y hallarle respuesta a lo que no la tiene. En Los Cabos alquilamos una camioneta y durante un par de horas viajamos buscando el hotel fantasma. La gente a la que preguntábamos sin titubeos indicaba la ubicación del lugar; todos conocían la leyenda y al parecer le tenían un gran respeto, como si le temieran. Llegamos sin problemas. El hotel, monumento histórico del rock, se encontraba abandonado, nadie lo habitaba. En el vestíbulo había coronas de flores y pétalos de cempasúchil regados en el piso. Actualmente el hotel lleva el nombre de Todos Santos. ¿Por qué cambió de nombre y lleva hoy uno que hace referencia a los santos? ¿Era solamente por alusión al nombre del pueblo? Eso llamó mi atención y decidí empezar investigando el nombre y retroceder al pasado a ver qué podíamos encontrar.

Durante varios días traté de conseguir los permisos para montar el equipo y determinar si en el sitio existía actividad paranormal. Las autorizaciones demoraron una semana, pues el antiguo encargado se mostraba hermético con la información, quizá porque había abierto su propio negocio en torno a la leyenda. No manifestó mayor interés en darme una entrevista, pero me puso en contacto con las personas que podían autorizarme a entrar al hotel. Desde luego, no me retiré sin obtener el testimonio del antiguo encargado, que resultó vital para la investigación.

Este señor, Raúl Góngora, relató que durante el tiempo que trabajó en el lugar, varios años, ocurrieron sucesos muy extraños. En una ocasión en que, a eso de las ocho de la noche, hacía un recorrido para cerciorarse de que todo estuviera bien, la puerta que daba al salón principal comenzó a abrirse lentamente, como si alguien la empujara. Era imposible, pues ese recinto tenía mucho tiempo desocupado. Góngora supuso que algún empleado la había dejado entrecerrada y una corriente de aire la impulsó. Mientras buscaba una explicación lógica sintió que un escalofrío le recorría todo el cuerpo y a la vez le entró un enorme deseo de entrar al recinto. Al cruzar la puerta sintió gran temor y en cuanto estuvo dentro la puerta se cerró de golpe. Quiso retroceder, pero algo, no supo qué, se lo impidió. En la cama que tenía enfrente el colchón se hundió, como si alguien se hubiera sentado en la orilla. El miedo lo congeló; no lograba moverse ni gritar, y el hundimiento del colchón se extendía, como si quien se había sentado se acostara.

"Fue cosa de segundos —dijo Raúl— que se me hicieron una eternidad. En cuanto un grito salió de mi garganta y logré moverme, abandoné corriendo el lugar. No podía creerlo y en aquel entonces no se lo conté a nadie, porque me pareció algo vergonzoso. Además, estaba seguro de que no me creerían. Decidí callar y buscarle una explicación razonable a lo ocurrido, para no sugestionarme. Después de todo yo trabajaba allí y debía mantenerme tranquilo.

"Pasaron días, tal vez meses, y en otra ocasión, hallándome en el baño, en un compartimiento de los excusados, escuché ruidos y entreabrí la puerta para ver qué pasaba, quién había entrado. Vi claramente cómo la puerta de la entrada se abría sola. Parecía hacer un poco de frío y nuevamente sentí miedo. Deseaba saber quién era y no me atreví a asomarme. Cerré un poco y percibí a una persona que pasaba frente a mí y entraba a un excusado. Como estaba seguro de que había escuchado que alguien hacía correr el agua del retrete, decidí salir. Pensé que exageraba, que todo estaba bien. Seguramente estaba alterado por lo que había vivido anteriormente. Salí con la certeza que iba a encontrarme con la persona que acababa de entrar, pero no había nadie en el lugar, los baños parecían no haber sido utilizados y las puertas de los excusados estaban todas abiertas y los gabinetes vacíos. No entendía, pues vi a alguien entrar y no lo vi salir. El lugar me había perturbado, así que me alejé lo más rápido que pude. Pregunté a los empleados quién de ellos había entrado y dijeron que nadie. No sabía qué pensar, pues no estaba loco, había vivido aquello y temía por mi suerte. Los compañeros de trabajo, notándome muy alterado, me preguntaron qué había pasado. Necesitaba decirlo, era una carga muy pesada para mí. Les conté todo y cuando pensé que dirían que estaba loco, coincidieron en que en el hotel ocurrían cosas extrañas y habían presenciado fenómenos inexplicables. Lo más increíble sucedía de noche. El hotel nunca tuvo muchos huéspedes y era común que el bar estuviera solo; sin embargo se escuchaban voces y risas como si hubiera una gran fiesta. No sólo yo escuché esos sonidos, también los escasos empleados del hotel."

Le pregunté a Raúl si conocía la leyenda que rodeaba al Hotel California, que decía que las personas que tomaban un trago ahí, servido por un cantinero fantasma, automáticamente eran encadenadas al hotel y se convertían en espectros condenados a vagar por el lugar. Me respondió que sí, y que conocía a la familia de uno de los fantasmas supuestamente encerrados en el California, de nombre, Marco Pérez. Éste había entrado por error al hotel y tomó el trago que le ofreció un cantinero. Diez años después, Marco murió de cáncer. Su familia, enterada de su experiencia en el hotel acudía a este lugar a dejarle flores, en vez de llevarlas a su tumba. Eso me aclaró por qué había tantas flores y coronas fúnebres en el vestíbulo, señal además de que la leyenda era ya muy conocida, así como los datos de las personas que aparentemente quedaron encerradas.

Antes de continuar, déjame decirte que implicarme en una leyenda como ésta es para mí muy importante, no sólo como cazafantasmas profesional sino también como una experiencia significativa en la investigación paranormal.

Los permisos que tramité llegaron unos días después y así pudimos iniciar la investigación del lugar y sus habitantes. Una tarde me entregaron las llaves del hotel y, emocionado porque estábamos a punto de comenzar, me dirigí al hotel California. Tenía mil dudas en la cabeza y al abrir la puerta vi un lugar desolado, en el abandono, lleno de polvo, donde el tiempo parecía haberse detenido. La estancia guardaba recuerdos de los años de gloria, pero al caminar por la duela rechinaba el piso. Esto me produjo escalofríos y tuve la impresión de que durante mucho tiempo nadie con vida había caminado por allí. Me pareció que no estaba yo solo, sentí como si ingresara a la canción que lleva el nombre del hotel. Subí la escalinata y al recorrer las habitaciones me asombró ver que conservaban muebles viejos, empolvados; había camas, tocadores, espejos, mesas de noche y uno que otro utensilio seguramente empleado tiempo atrás. Pero, ¿por quién? Eso debíamos averiguar: quiénes fueron los huéspedes y cuántos quedaron confinados en el lugar; si en verdad estaba poblado por fantasmas y de dónde surgía la leyenda. Todas estas dudas golpeaban mi cabeza. Dado el primer paso, había que continuar.

El Hotel California no es muy grande, pero recorrerlo nos llevó buen tiempo. Después de varios minutos que se me hicieron horas, fui a conocer el bar donde tantas historias se habían tejido. En el sitio se sentía un poco de frío y el piso se veía más gastado que lo demás. Es un lugar oscuro y desagradable, quizá por la decoración escasa y carente de calidez. Las mesas, las sillas y en general el entorno eran un escenario adecuado para tan escalofriantes historias; y tenía muchos espejos. Por fin me hallaba frente a la cantina que ha generado tantas leyendas. El sitio, viejo y sucio, transmite una enorme tristeza. Pasé una mano por la barra para quitar un poco de polvo, mientras mi imagen se reflejaba en un espejo de gran tamaño. Me sentí contento de hallarme en el bar, pero atravesé por una confusión de sentimientos, pues a la vez me sentía deprimido, sensación que experimentamos todos los presentes. Era verdaderamente triste hallarse en ese lugar sombrío y desolado. Yuss, aunque también se sentía confundida, como necesitábamos colocar el equipo comenzó a elegir el sitio donde instalar el circuito cerrado, de modo que viésemos cada centímetro del bar; también dispuso las cámaras fotográficas conectadas a los sensores de movimiento y delimitó la zona de operación. Luis salió a traer el equipo que se colocaría en las habitaciones y en el bar. A eso de las ocho de la noche teníamos todo listo. Varios días permanecimos realizando la investigación, pues los fenómenos no ocurren cuando lo deseamos. En el momento menos pensado puede haber una manifestación y por eso es importante que los investigadores posean mucha paciencia.

Estábamos tranquilos aguardando lo inesperado cuando Luis, muy alterado, me informó que una sombra pequeña, que parecía la de un menor, pasaba por un pasillo entre habitaciones. Alertados, tratamos de seguirla donde el investigador la había detectado. Al menos teníamos un indicio de actividad paranormal y durante varias horas estuvimos pendientes de cualquier movimiento o sonido extraño. Nada ocurría, no lográbamos ver la sombra que había visto Luis. Llamé al dibujante para que hiciera un retrato hablado con lo que Luis le describiera. La descripción era la de un pequeño muy delgado, de unos ocho años de edad, al parecer un niño. Luis tuvo la impresión de que el ente lo había percibido, pues cruzaron una mirada que duró micro segundos. Era maravilloso, pero aún no teníamos nada y esa noche no obtuvimos más.

A eso de las tres de la mañana conversábamos todos en la recepción y me puse a escuchar por el oído biónico, que amplifica los sonidos. Pude oír el llanto de varios niños, que parecía trasladarse por las habitaciones. Era muy claro y me desconcertó. Durante mis largos años como investigador no había escuchado un ruido así. Los aparatos detectaron que provenía del primer piso y al subir percibimos un aroma extraño que nos acompañó cuando recorríamos el pasillo; al mismo tiempo, se sentía mucho frío en todos los puntos del hotel. De pronto uno de los sensores de movimiento se activó, avisando que algo se movía y pasaba junto a nosotros. La cosa se desplazaba rápidamente y se dirigió a la planta baja. La seguimos a la carrera para saber hacia dónde se encaminaba. Fue fácil rastrearla gracias a los sensores de movimiento, que se activaban uno a uno a medida que el ente pasaba. Nos condujo directamente al bar y vimos que las puertas que minutos antes estaban cerradas se hallaban abiertas. Y nosotros las habíamos dejado perfectamente cerradas. En la bitácora se lleva registro del estado de cada puerta, de cada objeto, de forma que si hay alteración en seguida nos percatamos. También es importante anotar la alteración en otra bitácora, con fecha, hora y temperatura. En el bar no había nada y los sensores ya no daban señal de movimiento. Todo estaba en calma y, pensando que la actividad había cesado, nos dispusimos a descansar. En cuanto amaneciera Yuss y yo debíamos revisar el material grabado.

Al día siguiente revisamos minuciosamente ocho cintas de video y no logramos encontrar vestigio de la posible manifestación del Hotel California. Quedaba una última noche y nuevamente colocamos el equipo en su lugar y se cambiaron las baterías. Yuss decidió colocar más cámaras para cubrir nuevos puntos del hotel. Una vez más emprendimos la investigación. Esa noche todo se hallaba en completa quietud, sin novedad. Nos quedamos a dormir en el bar y en la puerta colocamos alarmas que sólo se activaban al abrirse. Pasaron las horas y de pronto una de las alarmas empezó a sonar y corriendo nos dirigimos a la puerta. En el ambiente se sentía una gran pesadez.

Por un espejo descubrí una sombra de unos 50 centímetros de estatura que salió corriendo a gran velocidad, como si tratara de esconderse de nosotros, como si se hubiera percatado de que estábamos ahí. Los sensores empezaron a activarse, pero ahora sabíamos qué ocurría, pues el ente pasaba frente a mí. No logré determinar con exactitud qué era, pero tenía que investigarlo. Sin perder tiempo salí tras de la sombra y la seguí por los pasillos. Era una sombra gris, como de un niño o de una niña. ¿Qué tenía que hacer un niño en ese lugar? ¿Por qué estaba arraigado?

Me di cuenta de que debíamos realizar una investigación mucho más profunda y decidí llamar al Distrito Federal, donde se hallaba el resto de los integrantes de la Organización mundial de investigación paranormal

(OMIP). Logré comunicarme con Andrés, a quien le referí lo que había visto y le pedí se nos uniera con los demás investigadores para ayudarme a detectar y estudiar el fenómeno. Dijo que cuanto antes partiría a Baja California.

Salieron en el primer avión y en un par de horas contábamos con más personal para cubrir el Hotel California. Comprendí por qué le llamaban hotel Todos Santos, pues al parecer existen allí dentro varios espíritus que parecen estar penando. Y lo que tenía que investigar era el porqué. De regreso en el hotel sonó mi teléfono celular. Era el tío Luis, desde Los Ángeles, California. Me comunicó con el baterista de Las Águilas, autor de la letra de la canción. Tenía yo muchas dudas y esperaba que las despejara. Me explicó que la letra surgió antes que la leyenda del hotel de Baja California y que él mismo había vivido una experiencia similar en otro hotel desolado donde efectivamente había visto a una chica que lo invitó a entrar. Una vez dentro, un cantinero le ofreció un trago. El lugar era desagradable y la chica había desaparecido, así que decidió pedir la cuenta e irse. Sin embargo el cantinero le dijo que podía abandonar la cuenta, pero tendría que regresar a pagarla. No recordaba más porque despertó en su auto y por un momento pensó que se trataba de un sueño raro. Pero en la mano sostenía el vaso que el cantinero le había dado. En aquel tiempo no comprendió lo que había pasado y decidió plasmar la experiencia en una canción; fue como desahogarse, como arrancarse un mal trance. Dijo que si en algo podía ayudarme lo haría con gusto, y nos enviaba un fuerte abrazo a mí y a todo el grupo de la OMIP. Luego de todo esto nos hicimos grandes amigos.

Celebré una junta con todo el equipo de investigación. Hice un resumen de lo acontecido y expliqué lo que deseaba se llevara a cabo y cómo controlaríamos el fenómeno. La sombra del niño era muy clara y era importante determinar por qué estaba arraigado en ese lugar de todos los santos y si era verdad que los espíritus allí atrapados tomaron una copa en el bar.

Durante dos noches deambulamos por todo el lugar sin que ocurriera nada más que uno que otro ruido en las habitaciones. Vivimos en el hotel cuatro días. Hice montar guardias en los puntos estratégicos para no pasar por alto detalle alguno. La cuarta noche cayó un tremendo aguacero. Todos estábamos muy inquietos pues en los pasillos teníamos la extraña sensación de que alguien nos observaba. Así transcurría el tiempo y a las tres de la mañana Luis reportó nuevamente la presencia de la pequeña sombra, que en ese momento salía de una de las habitaciones. La iluminó para ver de qué se trataba y vio lo que parecía ser una niña vestida con una túnica gris. Su rostro no mostraba facciones; era sencillamente un óvalo blanco con cabellos largos, negros. Y al reparar en la luz, desapareció.

Nos pusimos en alerta y acudimos en apoyo de Luis. Vimos cómo los sensores se activaban solos y empezó a manifestarse una increíble gama de acontecimientos paranormales. Las luces del salón principal se encendieron solas, después se escuchó música de piano y un gran número de pasos, como si nos estuvieran rodeando. Permanecimos en nuestros puestos con intención de observar y grabar, y de pronto todo quedó en paz, los fenómenos se esfumaron. Qué decepción. Todo había terminado y no habíamos logrado grabar nada. Las cámaras estaban bien instaladas y funcionaban sin falla, pero al revisar el material no encontramos nada significativo. Mandé retirar el equipo y nos concentramos en la recepción.

Una vez reunidos todos, nos pusimos a comentar lo que había sucedido y cómo había sucedido, así como las sensaciones experimentadas. Luego nos preguntamos si alguien había visto algo más. Estando en esa plática, una voz retumbó en el lugar. Inmediatamente callamos. Era la voz de un hombre que decía buenas noches y en seguida descubrimos con sorpresa a una persona cerca de la entrada, húmeda, empapada. Creí que se trataba de alguien que se había refugiado de la lluvia, pero, sin darnos oportunidad de responder a su saludo, preguntó dónde estaba la chica que lo había invitado a la fiesta del bar.

Sin decir palabra desempacamos el equipo de investigación y dijimos al visitante el motivo por el cual estábamos en ese lugar. Quedó muy sorprendido, no podía creer lo que le había pasado. En ese momento Yuss me hizo señas de que guardara silencio. Callamos todos y pudimos escuchar voces y música que salían del bar. Sigilosos nos dirigimos a ese lugar. La puerta se hallaba cerrada y antes de abrirla pedí a los muchachos que se prepararan, pues podríamos ver algo muy fuerte. Empujé la puerta con cuidado y, a punto de abrirla por completo, aumentó el volumen de los ruidos y las voces. Pero en cuanto terminé de abrir había un gran silencio, una gran paz. Revisamos el lugar, que estaba en orden. Los muchachos buscaron en cada rincón para ver si había alteración de los objetos, pero no encontraron nada y Luis reportó que todo estaba en su lugar. Yo sentía que algo no estaba bien, me acerqué a la barra y le dije a Luis, quien se había rezagado, que no todo estaba en orden y al parecer alguien nos había invitado a pasar. Y mostré a todos un vaso de vino sobre la barra.

Terminé de revisar el lugar y deduje que no había nada que provocara el fenómeno, el territorio estaba limpio. Sin embargo, al consultar la historia del hotel supimos que había ocurrido un crimen pasional en el que estaban involucrados una bella dama, su novio el cantinero y varios meseros. Ella se encargaba de llevar a los viajeros a tomar una copa y el cantinero les daba vino adulterado, y así estaban ganando buen dinero, pues no reportaban los ingresos reales. Además, el punto era un buen lugar para la venta de drogas, con lo que aquellos dos disponían de lo suficiente para vivir con holgura. Pero ella se enamoró de un forastero y el cantinero los descubrió saciando sus instintos sexuales en una habitación. Muy caro lo pagaron, pues el cantinero los asesinó y luego se suicidó en el bar.

Ahora ya conoces la verdadera historia del Hotel California. Deberás tener mucho cuidado si entras a tomar una copa, pues puedes abandonar tu cuenta, pero ten la seguridad de que después de muerto regresarás a liquidar la deuda.

El Hotel California en la actualidad.

Técnicas de investigación de un futuro cazafantasmas

Cuando entro a una casa, hacienda antigua o pueblo abandonado y recorro jardines, salas, recámaras y patios, sé que en ese lugar, en algún momento, reinó la alegría y armonía familiar; sé que en ese comedor de paredes deterioradas que se conserva triste y frío se dieron fiestas y cenas. ¿Cuál habrá sido la última? Sería difícil decirlo, pero, ¿dónde se halla la gente que vivió allí?

Si la localizamos, podría darnos pistas sobre por qué está embrujado el lugar. Cuando es imposible localizar a cierta familia porque descansa ya en un cementerio o no hay señas de su paradero, el enigma es mayor y no queda sino investigar el fenómeno.

Lo primero es familiarizarse con el lugar, recorrer cada uno de sus componentes y hacer un plano del área a investigar.

Investigar un pueblo abandonado como los de Nuevo México es más complicado. Los fantasmas están al acecho y es muy importante tener todo preparado. Antes de introducir cámaras y otros aparatos, es posible que haya que pasar unos días en el sitio y determinar si existe el fenómeno, cómo se manifiesta y a qué temperatura. Esto último indica cuando un fenómeno se nos acerca.

Para no alterar el lugar hay que permanecer en él un tiempo razonable, pero nunca quedarnos de noche si no lo conocemos perfectamente.

Los investigadores deben estar preparados. Es muy importante que en tu equipo de investigación no participen incrédulos, escépticos, religiosos, bromistas o enfermos del corazón; sólo obstaculizarían la investigación.

Hay que entregar a cada participante copia del plano del lugar, y es vital definir las entradas y salidas de emergencia. Esto es prioritario.

Todo el equipo de investigadores debe estar preparado para enfrentarse a cualquier tipo de fenómeno, desde el simple movimiento de un objeto hasta la manifestación de una entidad.

Todos deben tener conocimientos de primeros auxilios, electricidad, campamento y buceo, y contar con herramientas para tales actividades.

Es obligatorio no fumar ni beber licor o ingerir drogas, bajo ninguna circunstancia. Quienes conforman tu equipo deben estar física y mentalmente preparados. El físico-constructivismo es recomendable para mantenerse bien. Tener un par de perros perfectamente entrenados en búsqueda, salvamento, guardia y protección es excelente. Mi perro Ghost me ayuda en muchas investigaciones.

Ante cualquier problema que se presente, si contamos con normas de seguridad nos ahorraremos muchos problemas y tropiezos. En cualquier terreno se tiene que pedir permiso a los propietarios o autoridades correspondientes y darles copia del material que obtengamos, así como informarles debidamente. No debemos investigar si no están enterados de nuestra presencia. Los permisos tienen que darse por escrito.

Con la autorización debida, hay que ingresar al sitio y dejar grabadoras en cada espacio diferenciado. A esto se le llama sicofonía, y cada ruido que se presente de día o de noche será registrado. Si en las cintas se encuentra algo extraño, como voces o ciertos ruidos, habrá base para continuar la investigación.

Todo el equipo debe utilizar uniforme. Los zapatos tenis son inmejorables, muy cómodos, y hay que portar cinturones donde se lleven herramientas del oficio, como cámaras fotográficas, grabadoras, videograbadoras. Se usa pintura fosforescente para marcar con exactitud los sitios importantes. Hay que llevar siempre puestas mascarillas, pues hay lugares deshabitados con desechos orgánicos que al ser respirados pueden provocar graves enfermedades. Son necesarios guantes, bolsas de plástico, casco y linterna de alógeno.

Conforme se presentan las investigaciones lograremos que nuestro instrumental aumente. Una investigación es muy cara y no todos pueden llevarla a cabo. He adquirido mi equipo en mucho tiempo y en la actualidad cuento con aparatos complicados como el manómetro, computadoras para detectar lo que hay en el subsuelo y otros. Usando todo esto he tardado meses en determinar si un lugar tiene problemas. Explíquenme entonces cómo los charlatanes y escépticos se atreven afirmar que un lugar está o no embrujado con sólo mirarlo.

Siempre hay que entrar en pareja a los sitios que presenten fenómenos, y siempre de día. Hay que montar un campamento que cuente con equipos perfectamente inventariados. Si es posible, hay que colocar monitores en el interior de la casa y sin peligro verificar desde afuera las 24 horas del día.

Si un fenómeno se presenta, lo primero es conservar la calma. En segundo lugar hay que registrarlo y examinarlo para determinar si es un movimiento natural o la manifestación de un fantasma.

Para entrar al lugar donde se ha dado un fenómeno, investigarlo y examinarlo en detalle, se requiere de personas concientes de lo que puede ocurrir. No descartemos hacer que primero entren perros, pues mediante su reacción podremos tener idea de lo pudiera ser. Si el fenómeno se repite sin explicación, los perros rascarán, gruñirán o saldrán aterrorizados del lugar (y todo debe grabarse y documentarse sin perder detalle).

Antes de entrar hay que tener bien monitoreado el lugar, así como iluminado totalmente con reflectores de alógeno por aquello de que haya niebla. El equipo debe tener intercomunicadores, de modo que siempre se sepa dónde se halla cada elemento. Nunca traten de sujetar el fenómeno o al fantasma; hay que mantener la distancia y seguirlo hasta que desaparezca. A la vez, hay que registrar la hora y la temperatura del momento en que se dio el fenómeno, y estudiar todos los aspectos internos y externos.

En los lugares embrujados es común que las puertas se abran y cierren solas, que se escuchen ruidos extraños o voces, que veamos pasar personas u objetos, e incluso sentir que alguien nos toca.

Cuando tengas la seguridad de que se trata de un fenómeno auténtico, no intentes controlarlo. Lo mejor es que te pongas en contacto conmigo y me trasladaré inmediatamente al lugar donde estés.

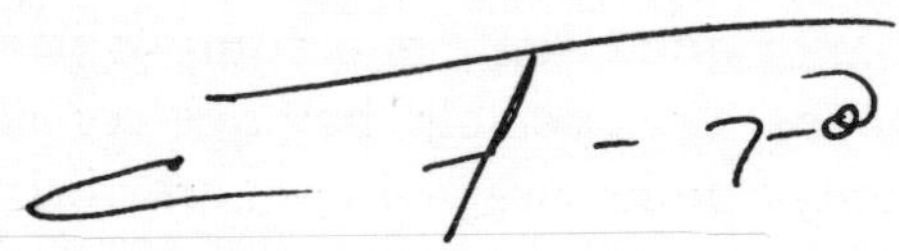

www.cazafantasmas.com
carlos_cazafantasmas@hotmail.com

Índice